Alexandre Lacroix

Kleiner Versuch über das Küssen

Alexandre Lacroix

Kleiner Versuch über das Küssen

Aus dem Französischen
von Till Bardoux

Matthes & Seitz Berlin

Allen zärtlich Liebenden zugeeignet

»Nun habe ich längere Zeit in Verbindung mit der Gemeinde der Verlobten gelebt. Irgendeine Frucht muss eine solche Beziehung doch tragen. Ich habe daran gedacht, Materialien für eine Schrift zu sammeln, die betitelt wäre: »*Beiträge zur Theorie des Kusses*, allen zärtlich Liebenden zugeeignet«. Übrigens ist es seltsam, dass über diese Sache keine Schrift existiert. Sollte es mir gelingen, damit fertig zu werden, so würde ich gleichzeitig einem lange empfundenen Mangel abhelfen. Sollte dieser Mangel in der Literatur seinen Grund vielleicht darin haben, dass die Philosophen über dergleichen nicht nachdenken oder sich nicht darauf verstehen?«

Søren Kierkegaard, *Tagebuch des Verführers*

Vorrede

Eines Abends im Dezember nahm mich meine Frau beiseite und machte mir einen Vorwurf, den ich aus ihrem Mund schon etliche Male vernommen hatte: »Du küsst mich viel zu selten!«, sagte sie zu mir. »Du bist gefühllos. Warum kommt es dir denn nie in den Sinn, mich in deine Arme zu nehmen, einfach nur, um mich zu küssen?« Wie sonst auch begnügte ich mich als Antwort mit einem Achselzucken.

Doch etwas später am Abend, als sie schlafen gegangen war und ich ein paar Stunden vor meinem Computer saß, habe ich eine Reihe von Gedanken über den Kuss eingetippt, die nun das erste Kapitel dieses Buches bilden. Ich hatte tatsächlich Lust, Bilanz zu ziehen – und wenn man bei einer Sache nicht durchsieht, gibt es nichts Besseres als Schreiben. Wie stand es bei mir mit dem Küssen? Was an dieser so schlichten Geste ließ sie mir unnütz oder schwierig vorkommen? Als ich am nächsten Morgen meine Zeilen wiederlas, spürte ich, dass ich ein tiefgründigeres Thema berührt hatte, als es anfangs schien – ich hatte mehr Fragen als Antworten im Kopf. Im Laufe der folgenden Monate habe ich zahlreiche nächtliche Stunden mit dem Studium des Themas verbracht, bin wieder in all die Textpassagen eingetaucht, die die Schriftsteller und Gelehrten dem Kuss gewidmet haben, oder habe unermüdlich Gemälde, Filmausschnitte und Fotos von sich küssenden Verliebten angeschaut in dem Versuch, hinter das Mysterium zu kommen.

Diese Recherchen, oder vielmehr diese nächtlichen Irrfahrten durch Bücher und im Internet haben sich als langwieriger erwiesen als vorgesehen, und mitunter, da das Thema so reichhaltig ist, als ziemlich anstrengend, doch letztlich haben sie mich zu zwei Schlussfolgerungen geführt (wobei nur die zweite für uns als Paar von irgendeinem Nutzen ist). Erstens ist es möglich und sogar legitim, von einer »Theorie des Kusses« zu sprechen. In jeder Epoche der abendländischen Geschichte hat ein kohärenter und deutlich artikulierter Darstellungstypus des Kusses vorgeherrscht, obwohl er sich über verschiedene Träger versprengt präsentiert und man sich folglich einer geduldigen Rekonstruktionsarbeit befleißigen muss, um seine Gesamtbedeutung zu erfassen. So kann man die Entwicklung der Theorie des Kusses nachzeichnen und versuchen, sie in die heutige Zeit zu verlängern. Zweite Schlussfolgerung der Untersuchung: Es gibt sehr gute Gründe, sich zu küssen – das ist nicht nur sentimentales Getue.

Am Ende habe ich lange geschwankt, in welcher Form ich die Ergebnisse meiner Studie präsentieren soll. Ich hätte mich dank der Fülle des zusammengetragenen Rohmaterials dafür entscheiden können, einen gelehrten Essay zu schreiben, oder im Gegenteil dafür, die Quellenverweise beiseite zu lassen, um nur eine subjektive und persönliche Erzählung über den Kuss vorzulegen. Doch ich habe es vorgezogen, beides zugleich zu tun, das heißt, zwischen privaten Erinnerungen und besser dokumentierten Reflexionen hin- und herzuwechseln. Das letztliche Ziel des Vorgehens bleibt dabei paradox, da es darum geht, ein wenig Wissenschaft ins Liebesleben zu bringen. Um es aufzuwerten.

1. Die Feuertaufe

Vor dir ein Mund.

Mit seinen plombierten Backenzähnen, seiner Zunge mit den bläulichen oder wie von Staub überzogenen Papillen, dem Speichel, von dem er getränkt ist, der gespannten Haut der Lippen, die an zwei träge Nacktschnecken erinnern.

Nur näherst du dich ihm, um ihn zu küssen, und eine Verklärung findet statt. Vergessen das wenig appetitanregende Spektakel des Fleisches. Der Mund ist nun der Punkt, an dem sich die Ausdruckskraft des Gesichts konzentriert, wie ein dezentes Echo auf die Verwirrung, die sich der Augen bemächtigt, doch zitternder, sanfter.

Das ist die *Magie des Kusses*. Man braucht weder ein junges Mädchen noch ein Heiliger zu sein, muss durchaus nicht die Transzendenz bemühen, um zu fühlen, dass in diesem so schlichten Akt *der Geist sich des Fleisches bemächtigt*. So lange dieser Moment der Schwebe anhält, ist das organische Leben wie ausgeklammert, treten unter der Haut Emotionen zu Tage, wird das Tier zum Gott. Wäre ich Christ, würde ich das mit der Eucharistie oder mit dem Mysterium der Inkarnation vergleichen. Doch diese Verweise sind unnötig und drohen in diesem Stadium nur, die Aufmerksamkeit abzulenken.

So wunderbar der Kuss ist, so offensichtlich banal ist er auch. Er ist weniger intensiv und weniger raffiniert als der Liebesakt; man hat seine Freude am Küssen, doch man kann eine ganze Weile darauf verzichten, ohne einen akuten Mangel zu verspüren; es gibt langweilige oder misslungene Küsse; und man kann problemlos sein Leben mit jemandem teilen, der schlecht küsst. Der Kuss versetzt woanders hin, doch nie sehr weit weg vom Gewöhnlichen. Sein Zauber ist allen zugänglich, er ist bescheiden, schamhaft, beruhigend – was ihn umso zweideutiger macht. Philosophen und Psychologen haben überreichlich Intelligenz darauf verschwendet, zu verstehen, was beim Geschlechtsverkehr vor sich geht, doch neigten sie dazu, den Kuss allzu stiefmütterlich zu behandeln.

Höchst bemerkenswert erscheinen mir in dieser Hinsicht die Sekunden, die dem Kontakt der Lippen vorausgehen. Das Gesicht macht sich bereit zum Küssen – es verwandelt sich zusehends. Man könnte sagen, es öffnet sich. Doch das ist nicht alles. In dieser kurzen Zeitspanne, maximal zwei oder drei Sekunden, manifestiert sich eine gewisse Unordnung. Die Proportionen zwischen Augenbrauen, Nasenspitze, Grübchen, Kinn sind nicht mehr so gut geregelt. Die präetablierte Harmonie wankt. Da ist allerhand in Bewegung. Wie eine Glaskugel, in der die Schneeflocken aufwirbeln, wenn man sie schüttelt, muss sich das Gesicht wieder neu zusammensetzen. Und diese Ordnung wird in der heiteren Gelassenheit des Kusses wiederhergestellt, zumeist bei geschlossenen Lidern. Während sich die Lippen und Zungen berühren, erstarrt der Ausdruck in einem Kunstwerk der Bildhauerei. Einen Augenblick lang war die Identität verweht, pulverisiert, nun fügt sie sich wieder zusammen.

Vor dem Geschlechtsakt verwandelt sich das Gesicht ebenfalls, doch auf andere Weise. Wie groß das Vertrauen oder die Lust zwischen den Partnern auch sein mag, die Blicke werden immer von einer Furcht oder einer Gier, einer nervösen Zuckung durchzogen. Unmittelbar vor der Penetration herrscht Anspannung, Konzentration der antagonistischen Kräfte. Liebe und Verführung legen Kriegsbemalung an. Die Jagdlust und ein heimlicher Raubtierinstinkt haben Anteil am Koitus. Der Kuss setzt nicht dieselben Affekte voraus. Er ist leichter und somit jenes Schleiers von Hass entledigt, der den sexuellen Blick trübt. Gott hat die Katze erfunden, damit der Mensch einen Tiger zum Streicheln hat, sagt ein Sprichwort. Ebenso erlaubt der Kuss, sich gefahrlos dem Verlangen zu nähern.

Und dennoch, welche Angst er am Anfang macht! Immer werde ich mich an jenen Gang am Collège Jacques Decour erinnern, an jenen alten, grauen, nach toter Maus stinkenden Winkel im Dachgeschoss, wo ich mit dreizehn Jahren kurz vor einer Verabredung mit einem Mädchen, das mich, wie ich mir sicher war, gleich zum ersten Mal küssen würde, vor lauter Schiss auf den Parkettboden pinkeln musste. Sie wollte mit mir gehen, soviel stand schon mal fest. Ihre Freundinnen hatten es mir bestätigt. Meine Kumpels machten bereits Witzchen über uns. Doch noch war nichts passiert. Mir ging es im Bauch um, mir war schrecklich übel, ich war in Panik wie nie zuvor. Es mag wie ein Scherz wirken, wenn ich die Szene erzähle, aber ich trieb haltlos mitten in einem Drama der Leidenschaft. In der Pause zwischen zwei Unterrichtsstunden habe ich mir einen ruhigen Flur gesucht, den vor den Physikräumen, um ein so drängendes Bedürfnis zu erledigen, dass ich es nicht einmal abwarten konnte, bis nach unten zu den Toiletten zu gehen. Ich erinnere mich, wie eine Urinlache zwischen meinen Turnschuhen hindurchlief. Dieses Mädchen würde sich meiner bemächtigen, mich aussaugen wie ein Vampir, und vielleicht würde ich gleich meine Seele aushauchen – wer weiß?

Starr vor Scham und Schrecken stand ich ihr kurz darauf im Schulhof gegenüber. Sie hatte große Brüste, groß genug, um unter ihrer Daunenjacke regelrecht pneumatisch zu wirken. Dieser Busen war für den leicht zu entflammenden Teenie, der ich war, eine echte Tortur. Ein blonder Pony, lange Haare, Himmelfahrtsnase – oh, Verzeihung, das klingt nicht nett; sagen wir, ihre Nase hatte etwas verschmitzt Aufmüpfiges. Ich war beeindruckt von ihr. Nur leider muss ich wohl gestammelt und ein erbärmliches und lächerliches Bild meiner selbst abgegeben haben. Sie hat an diesem Tag nicht mit mir geknutscht. Und auch an keinem anderen. Ich hatte umsonst gepisst. Was mag ich wohl gesagt haben, dass ich ein solches Missfallen bei ihr hervorrief? Sie hat mich keines Wortes mehr gewürdigt, und ich musste mich lange gedulden, noch ein Jahr Pickel ausdrücken, während ich mich melancholisch im Badezimmerspiegel inspizierte, bevor ich bei jemand anderem eine Chance bekam.

Auf einer Fahrt mit der Fähre von Calais nach Dover kam ich dann endlich in den Kreis der Eingeweihten. Völlig überrumpelt, hatte ich diesmal keine Zeit, in Panik zu geraten. Wir waren eine Gruppe Jugendlicher auf dem Weg zu einem Sprachaufenthalt in englischen Gastfamilien. Es war meine erste Reise ohne elterliche Aufsicht. Auf diesem Schiff gab es einen Diskosaal. Man tanzte auf der schmalen Tanzfläche zwischen den Spielautomaten und der Bar, unter einer Diskokugel. Ein Mädchen, etwas älter als ich, Bobfrisur, sehr brünett, grüne Augen, kam entschlossen auf mich zu. Sie warf mir ein »*I want a kiss*« entgegen. Ich tat so, als hätte ich nicht verstanden, sie wurde ärgerlich. Die Sommersprossen auf ihrem Gesicht färbten sich dunkler. »*Give me a kiss … a long one.*« Ich gehorchte. Alle sahen uns zu. Ich besaß keinerlei praktische Kenntnisse, doch weil ich mich der Herausforderung gewachsen zeigen wollte, habe ich sie sehr, sehr lange geküsst.

Unsere Zungen kreisten umeinander. Das fühlte sich gut an. Ich konnte währenddessen eine Hand unter ihre Seidenbluse schieben, die Speckröllchen an ihrem Bauch, den Flaum entlang ihrer Wirbelsäule, die Clips ihres BH abtasten; sie ließ es sich gefallen. Weil wir eng aneinandergeschmiegt bleiben mussten, ließ unser Atem unsere unteren Gesichtspartien ganz feucht beschlagen. Wir waren schweißnass, doch blieben immer im Rhythmus. Der Kreis der Zuschauer wurde zunehmend größer.

Wie lange mag dieses Schauspiel gedauert haben? Eine halbe Stunde? Wir haben erst aufgehört, als die Schiffssirenen die Ankunft im Hafen ankündigten. Nachdem ich mich losgelöst hatte von dieser Fremden, deren Name mir nicht mehr einfällt (Carol?) und mit der ich im Nachhinein kein einziges Wort mehr gewechselt habe, befand ich mich in einem schlafwandlerischen Zustand. Sie hatte mir einen Kuss gegeben, mit dem man hätte Tote aufwecken können oder eher – was aufs Gleiche herauskommt – Lebende einschläfern.

Natürlich hatte es vorher, in Grundschulzeiten, ein paar Pausenküsschen und kleine Liebeleien gegeben. Aber das zählt nicht. Falls die Anfänge der Sexualität den Eintritt ins Erwachsenenalter markieren, bleibt der erste wirkliche, bewusst erotische Kuss, mit ineinander verschlungenen Zungen, ein wichtiger Übergangsritus, dem die wirren kindlichen Vorstellungen nichts anhaben können. Er markiert die Schwelle zur Adoleszenz. Danach werden die Herzensangelegenheiten das große Ding des Daseins überhaupt sein. Der erste *French Kiss* läutet das Liebesleben ein und durchbricht den glücklichen Solipsismus des Kindes. Es gibt das Spiegelstadium; mit dem Ereignis eines solchen Kusses wechselt man auf die andere Seite des Spiegels. Man begnügt sich nicht mehr mit einem Spiegelbild, nunmehr braucht man den Blick des Anderen, um sich zu erkennen und zu lieben. Man dringt ein in die Welt der Anziehung und der Vortäuschungen.

Wenn der sexuelle Akt ein Punkt ist, ist der Kuss ein Komma. Eine Atempause im Satz.

Doch wie lange soll man diese Atempause dauern lassen? Die Dauer des geglückten Geschlechtsverkehrs ist ziemlich streng definiert. Das ist weniger eine Frage der Stoppuhr als des dramatischen Ablaufs. Zu kurz hieße Scheitern. Zu lang würde schon *Sport*, eine Suche nach Überschreitung, von Zeit zu Zeit lustig, mag sein, doch mit der Rundheit der Perfektion inkompatibel. Es besteht die Gefahr, dass einer der Partner vor dem anderen der Sache überdrüssig wird und so in die Paarung einen Hiatus hineinbringt, Quelle von Unbeholfenheiten und Verstellungen …

Zur Dauer des Kusses lässt sich nur sagen, dass sie unbestimmt ist. Die zärtliche Berührung der Lippen ist in eine Art zeitlichen Nebel gehüllt. Der Kuss ist ein konturloser Moment. Wenn er aufhört, kann er sogleich wieder einsetzen, sooft man es wünscht, nach dem Modus der *Überblendung*. Wenige Aktivitäten haben den Nimbus einer solchen Indeterminiertheit. Vielleicht die des Schreibens? Oder des Malens? Wie viel Zeit braucht es, um einen Satz zu Papier, einen Strich auf die Leinwand zu bringen? Doch diese künstlerischen Vergleiche gehören einem zu gehobenen Register an, mit dem man den Grund der Sache verfehlt. Wie viele Minuten braucht es, damit sich des Nachts ein Traum in unserem Hirn zusammenfügt? Die Dauer des Kusses ist genauso ungreifbar wie die des Traumes.

Nur unter einer Bedingung kann ein Kuss zu lang erscheinen: wenn man den anderen im Verdacht hat, ihn in die Länge zu ziehen, um eine sexuelle Annäherung zu umgehen, auf die er keine Lust hat.

Sehr kurz, auf ein Minimum reduziert, wird der Kuss hingegen einfach nutzenorientiert: Er dient dazu, sich morgens zu verabschieden, bevor man ins Büro geht, oder als Zeichen für die Heimkehr nach dem Arbeitstag. Aber dann gleicht der Kuss nurmehr dem Entwerten eines Fahrscheins.

Somit ist die ideale Dauer des Kusses irgendwo zwischen der Feigheit und der Höflichkeit, zwischen der Hinhaltetaktik und der trockenen Konvention angesiedelt. Man küsst sich nur so lange, wie man zur Hingabe imstande ist.

Dass die Küsse sich schlecht aus der Zeit herausheben, ist vielleicht der Grund dafür, dass sie flüchtig sind und sich nicht ins Gedächtnis einprägen. Was mich betrifft (doch ist das vielleicht eine persönliche Deformation?), gibt es nur sehr wenige Küsse, von denen ich eine deutliche Erinnerung behalten habe, ein genaues Bild, das sich nicht mit anderen vermengt.

Am Fuß der Treppen, die in Fira auf der griechischen Insel Santorin den Hafen mit der Stadt verbinden, habe ich mit fünfzehn einen recht langen Kuss mit meiner kleinen Freundin getauscht, einem Mädchen, halb Französin, halb Vietnamesin, mit großen, sinnlichen Augenlidern. Wenn dieser Kuss noch vollständig in meinem Geist präsent ist, dann vor allem deshalb, weil um die Mittagszeit zu Beginn jenes Monats August eine mörderische Hitze herrschte. In der prallen Sonne lagen wir uns in den Armen. Das Vulkangestein der Steilküste und der Treppen war weißglühend. Es gab niemanden, der sich am Ende des Vormittags an diesen schattenlosen Ort gewagt hätte. Damals hatte der Massentourismus noch nicht die heutigen Ausmaße angenommen, und es gab noch nicht die während der Hochsaison stündlich ihre tausenden Kreuzfahrtreisenden an die Küsten der Insel ausspuckenden Luxusdampfer. Wir waren also allein. Eher zufällig hatte es uns bis zum Meer verschlagen. Weit über uns in den Luftspiegelungen der Backofenhitze flirrte die weiße Stadt. Und wir ließen endlos unsere Zungen kreisen.

Als Legitimisten auf diesem Gebiet wie alle Jugendlichen glaubten wir, es sei notwendig, eine Regel zu befolgen, um gut zu küssen. Es musste also rollen und kreisen, es musste Action geben, und fieberhaft mühten wir uns ab. Wir waren nicht verliebt. Wir hatten keine Achtung voreinander. Das Meer war wie eine Platte aus Weißmetall. Der wolkenlose Himmel bot den Sonnenstrahlen einen unbegrenzten Entfaltungsraum. Kaum, dass ein salziger Dunsthauch oder diskretes Wellengeplätscher zu uns heraufdrang. Was uns damals gefiel, war, so lange in einem Backofen auszuhalten, bis es unerträglich wurde.

Aus derselben Zeit (dem Winter davor oder danach) habe ich auch einige Erinnerungen an Küsse in großer Kälte. Zum Beispiel gab es da eine Schüttelfrostvernarrte, eine blauäugige, milchhäutige Kabylin von furchteinflößender Schönheit, die ich in einem ehemaligen Bunker am Strand geküsst habe. Unsere Finger waren gefroren wie Stalaktiten, unsere Zärtlichkeiten schmerzhaft steif und klamm. Sie hatte einen schmalen, durchscheinenden Körper, der vor Intensität bebte. Das Atmen in der eiskalten Luft fiel ihr schwer, drohte mit jedem Atemzug auszusetzen. Es war ein Kuss aus Glas, weit, sehr weit entfernt vom Feuer von Santorin. Kurz darauf gab es auch eine Jeanne, mit der ich mich immer in einem kleinen Park verabredete. Wir verbargen uns unter dem Geäst eines niedrigen Baumes mit dichtem Laub. Wir lagen lange Minuten eng aneinandergeschmiegt auf der hartgefrorenen Erde und küssten uns ohne Pause, um die Kälte zu vergessen, die in die Waden, den Bauch, die Ohren biss. Ob griechischer Sommer oder Februarnacht, letztlich erinnere ich mich vor allem an das *Klima* dieser Küsse sowie an den Geruch der Heimlichkeit, der die Liebeleien dieses Alters umwehte. Doch welchen Geschmack hatten die Küsse selbst? Ich könnte es nicht sagen. Der Kuss ist der ideale Dieb, der keine Spuren hinterlässt. Im Gedächtnis bleibt nur ein Ort zurück, der das Zeichen eines Einbruchs trägt. Die Geste selbst hat sich in Luft aufgelöst.

Wenn ich daran zurückdenke, ist die Furcht des Jugendlichen vor den *technischen Aspekten* des Kusses ganz außerordentlich. Man holt Rat bei Freunden ein, man lässt sich von den Älteren, von den glücklichen Bescheidwissern, bestimmte Details wieder und wieder erklären. So wie der Radrennfahrer, der vor dem Rennen zwanghaft den Druck der Reifen, die Position des Sattels, den Zustand der Ritzel und die Einstellung der Kettenschaltung prüft, konzentriert sich die Aufmerksamkeit des angehenden Küssers auf die materielle Dimension des Problems.

Sollten über diesen Punkt Erläuterungen verlangt werden, könnte man sagen, dass prinzipiell vier Methoden zur Verfügung stehen. Jugendliche neigen dazu, der Technik der *Mischtrommel* den Vorzug zu geben und ihre Zungen energisch umeinanderzuwinden. Die Gewissenhafteren vollziehen diese Bewegung immer auf dieselbe Weise; die Einfallsreichen wechseln von Zeit zu Zeit die Richtung des Kreisens. Warum sagt den Debütanten gerade diese Herangehensweise an das Küssen zu? Vielleicht, weil sie eine demonstrative Seite hat. Oder weil dank dieses Vorgehens die Rollen nicht definiert sind: Keiner dominiert, das männliche und das weibliche Element gehorchen derselben Regel, alles schön drunter und drüber. Die Adoleszenz ist selbst so eine Art Zentrifuge, ein Existenzstadium, in dem die Gefühle kreisen und sich kaum festlegen; dieser Kusstyp liefert dafür gleichsam eine Entsprechung. Apropos – sich im Erwachsenenalter einer schön saftigen, kraftvollen Knutscherei hinzugeben, so wie in alten Zeiten, erzeugt eine recht komische Wirkung: Wenn man den Eifer der Debütanten parodiert, schafft man einen theatralischen Verfremdungseffekt, Küssen wird zum bloßen Spiel.

Eine reifere, raffiniertere Technik nach meiner Typologie ist die des *Pinsels*, bei der sich die Zungen ohne Systemgedanken umherbewegen, hier leicht vorschnellen, dort unvorhergesehen aufdrücken, da kapriziös entlangstreichen. Diese Methode hat den Vorteil, den Eindruck einer totalen Abwesenheit von Methode zu vermitteln, also einer beim Streben nach Kontakt willkommenen Unmittelbarkeit und Spontaneität. Sie hat auch eine flüchtige, nur partiell involvierte, zögernde Seite, derer man überdrüssig werden kann – ihr Stil ist pointillistisch, während die Mischtrommel recht kitschig und pompös daherkommt. Wenn der Erwachsene die Pinsel-Methode praktiziert, offenbart er auch das Misstrauen, das ihm die Erfahrung eingebläut hat: Er ist zwar bereit, in den Anderen hineinzuschlüpfen, doch er fürchtet sich davor, dort in die Falle zu gehen. Darum trifft er Vorkehrungen, lässt Vorsicht walten, macht nur Gebrauch von sanften, kaum verbindlichen Kitzeleien, wie eine Maus, die versucht, das in der Mausefalle klemmende Käsestück zu erhaschen, ohne sich fangen zu lassen. Etwas einfach gestrickt, wie er ist, stürzt sich der Jugendliche ins Getümmel, während der erwachsene Kuss offen gesagt Ähnlichkeit mit einem Ausweichmanöver hat.

Für Momente kann sich die Zunge bei ihrem hartnäckigen Bemühen, in den Mund des Anderen zu dringen, auch wilder, härter und muskulöser gebärden. Das würde ich die Technik des *Stabes* nennen. Ziel ist es, in die weichliche Geziertheit des Kusses eine Steife, eine Scheinpenetration einzuführen. Auch hier sind die Parodie und der Verfremdungseffekt nicht fern. Doch so wird die Botschaft auf eine hübsche Weise übermittelt. Der Stab signalisiert, dass der Kuss kein Selbstzweck sein kann, dass er Probe oder Entwurf eines künftigen Geschlechtsverkehrs ist. Er ist auch ein Test. Je nachdem, wie der Andere ihn aufnimmt, lässt sich der Fortgang der Ereignisse erahnen.

Weniger zielgerichtet und weniger wollüstig ist schließlich die Technik des *Endoskops*, die darin besteht, mit quasi wissenschaftlicher Gründlichkeit den Mund des Anderen zu erkunden. Das erlaubt nebenbei, die vom klassischen Kuss vernachlässigten Mundpartien zu entdecken: die Fältchen des Gaumens, die zarte Schwellung der Mandeln, die eindrucksvolle Steilwand der Backenzähne, das Zungenbändchen und das Fleisch der Wangen. Das ist ein wenig so, als wollte man beim Küssen Doktor spielen. Die Neugier kommt auf ihre Kosten, ganz zu schweigen vom seltsamen Vergnügen, selbst Objekt der Inspektion zu sein.

Jede dieser Techniken kann selbstverständlich von Knabbern oder sogar von Beißen begleitet sein – doch Letzteres ist weniger die Nahrung selbst als so etwas wie die Würze, deren Dosierung man kontrollieren muss. Außerdem beißen nicht alle beim Küssen zu, das ist sogar eher selten. Eine Erklärung dafür wäre vielleicht, dass der Kuss an sich schon eine Technik zur Neutralisierung jenes Instinkts ist, der das Tier dazu bringt, andere Tiere aufzufressen und in Stücke zu reißen. Der ganze Reiz dieses Aktes kommt daher, dass er einen ursprünglich karnivoren Drang sublimiert. Der Kuss hat per definitionem nur Sinn als *gezügelter Biss*.

Insistiert man zu sehr auf die Technik des Kusses, würde man gleichwohl Gefahr laufen, ihn auf eine Angelegenheit des Beherrschbaren zu reduzieren. Nun stellt sich aber das geheime Einverständnis in diesem Bereich (wie in allen anderen Sektoren des menschlichen Handelns) weniger her bei perfektem Ablauf der Operationen als vielmehr dank unterwegs auftauchender Zwischenfälle, Überraschungen, Stockungen. Von Robotern könnte man mit Fug und Recht eine unerschütterliche Effizienz, eine automatische Strenge bei der Aktivierung ihrer diversen Muskeln der Mundschleimhäute erwarten. Doch hätten Sie Lust, Ihren Mund einer Maschine anzubieten, die darauf programmiert ist, Ihnen einen *mittleren idealen Kuss* zu schenken, ebenjenen Kuss, von dem statistisch erwiesen ist, dass er den meisten gefallen wird?

Sie kennen das Hin und Her, das sich nur allzu oft auf der Straße abspielt: Zwei Fußgänger schwenken beim Versuch, einander auszuweichen, jeweils zur gleichen Seite aus, mal nach links, mal nach rechts, und müssen sich, bevor es ihnen gelingt, aneinander vorbeizukommen, schließlich anlächeln, so sehr ähnelt die Situation einer Stummfilmszene. Ebenso passiert es, dass sich die Münder wiederholt verfehlen. Oder auch, dass einer der Liebenden den Kuss beendet, wenn der andere weiterküssen wollte – dessen Mund bleibt für einen Augenblick in der Luft hängen, noch suchend, die Zunge wie ein Angelhaken im Leeren zuckend. Es gibt den ununterdrückbaren Husten, der einen im Winter überkommt, oder das Lachen, oder die Spucke, die aufs Kinn gelaufen ist und danach schnell abgewischt werden muss. Jedenfalls ist es weniger die Perfektion des Kusses, die einen berührt, als die Verwundbarkeit des Anderen, der aufrichtige Eifer, mit dem er die technischen Unbeholfenheiten überwindet. Das Missglücken wird beim Kuss viel eher toleriert als beim Geschlechtsakt: Beim Kuss erwartet man weniger eine Performance als eine Bekundung der Gefühle.

Und dann gibt es die Atmung. Darüber wird nie gesprochen. Ganz offensichtlich ist der Koitus eine große Oper des Atems. Das Atmen der Partner schwillt immer mehr an, bis es den gesamten Klangraum einnimmt. Es wird Klage, Ruf, Wimmern, Antwort – Demonstration der Stimmbänder, Explosion der Brusthöhlen, Lungenparade. Unmöglich, den Anderen zum Höhepunkt zu treiben, das passende Tempo zu finden, wenn man dem Wechsel von dessen Ein- und Ausatmen nicht aufmerksam folgt, wenn man es nicht schafft, sich in die Modulationen von dessen Zwerchfell hineinzuschmiegen.

Im Vergleich zum koitalen Keuchen ist der Kuss wie eine kleine Kammermusik, ein untergeordnetes Genre, eine Kunst des Erstickens. Beim Küssen atmet man nur noch durch die Nase, und auch das kaum. Das ist fast Atemstillstand. Der Luftstrom, den man in sich einlässt, ist winzig, was dem Körper eine Quasi-Reglosigkeit auferlegt, eine schmachtende Entspanntheit. Wenn der Sex die hechelnde Atemlosigkeit zur Grenze hat, ist der Horizont des Kusses der Erstickungstod.

Ich habe dann lange gebraucht – tatsächlich etliche Jahre –, bis ich entdeckte, dass man durchaus gegen die Regel verstoßen konnte, indem man kräftig durch den Mund des Anderen einatmete, indem man sozusagen direkt vor der eigenen Nase auf Suche nach Luft ging, mittels Pumpwirkung.

Seltsame Erfahrung der Substitution: Auf einmal habe ich den Eindruck, auf einen anderen Atmungsapparat aufgepfropft zu sein, auf einmal ist mein Körper der Fortsatz eines anderen Gesichts. Nacheinander atmen wir jeweils die Luft durch den Kopf des Anderen und werden zu siamesischen Zwillingen. Diesmal ähneln wir keinen Sängern, die einander in leidenschaftlichem Duett Repliken zuwerfen – eher ist es so, als hätten wir unsere Stimmen getauscht. Der Geschlechtsakt stellt zweier Menschen Atmen in Konkurrenz zueinander, der Kuss erlaubt es manchmal, beider Atmen gegeneinander einzutauschen ... Auch wenn das zugegebenermaßen eine etwas ausgeklügelte Variation ist, die kaum einen anderen Wert haben kann als den eines Experiments, einer gelegentlichen Extravaganz.

Es kommt auch vor, dass ein wogender Vorhang aus Haaren vor indiskreten Blicken schützt. Der Halbschatten des Haars, in den ein unstetes Licht sickert, schafft um die Liebenden herum neue Miniaturwelten. Er transportiert Aromen, Tabak, Shampoo, Parfüm und gedämpft auch einen eher moschusartigen Hauch von Leder, von Intimität. Natürlich spielen die Zeichnung und die Textur der Lippen, je nachdem, ob sie fein, vorgewölbt oder prall wie Daunenbetten sind, eine Rolle beim Kuss. Ebenso die Form und die Beweglichkeit der Zunge. Doch zu den physischen Gegebenheiten, die der Sinnlichkeit des Von-Mund-zu-Mund am meisten gewogen sind, zählen die Fülle, die Schwere und die Duftnoten der Haare, unter denen die Liebenden zusammenfinden, endlich allein und befreit von den äußeren Störungen, wie in einem Zimmer.

Angemerkt sei noch jener durchaus nicht nebensächliche Fakt, dass es im Mund *Zähne gibt*. Das Geschlecht der Frau ist ganz und gar Fleisch, Feuchtigkeit und Mäander, eine lauwarme Höhle, die so lange fortdauert wie das Leben, formbar und fließend wie dieses. Jedenfalls welkt und verdirbt es gleich nach dem Tod. Nicht so die Zähne. Die Zähne gehören zum unsterblichen Körper, zur unverweslichen Struktur, die wir in uns tragen, wie das Skelett. Der Kuss ist also nicht nur eine Epiphanie des Fleisches, er ist zugleich auch eine Kontaktaufnahme mit dem Schädel des geliebten Wesens. Er vereint zwei künftige Kadaver, denen provisorisch Haut übergezogen wurde.

Das also erklärt die merkwürdige Scheu, die man davor empfindet, sich beim Küssen gegenseitig die Zähne mit der Zungenspitze zu liebkosen. Man vergisst sie lieber, lässt sie lieber außer Acht. Wenn die Schneidezähne gegeneinanderstoßen, wird das immer als eine Ungeschicklichkeit, eine falsche Bewegung interpretiert, begleitet von einem peinlich berührten Lächeln. Als Erinnerung an die Kälte und Härte des Todes inmitten der warmen Intimität des Seins verschaffen die Zähne dem Kuss einen Jenseitsgeschmack.

II. Ein Überraschungsgeschenk des Papstes

Doch woher kommt dieser seltsame Brauch? Warum küssen wir? Die historischen Ursprünge des Kusses liegen schlichtweg im Dunklen, und unser Unwissen darüber nährt zahlreiche Legenden. So zögern manche nicht zu behaupten, dass der Kuss vor dem Menschen da war und man Gleichwertiges bei den Tieren anträfe: Die Liebenden würden, ohne es zu wissen, die Schnabelspiele der balzenden Vögel nachahmen, oder auch das Verhalten der Bonobo-Mütter, die ihrem Nachwuchs vorgekaute Nahrung von Mund zu Mund geben. Einige Zoologen gehen noch weiter, indem sie mit einem raschen Sprung über alle Etappen der Evolution hinweg beteuern, dass die Schnecken oder selbst die Ameisen einander küssen, wenn sie sich gegenseitig mit ihren Fühlern reiben.

Wenn man diese ebenso weit hergeholten wie unverifizierbaren Behauptungen beiseite lässt und sich an die ersten nachgewiesenen historischen Spuren des Kusses hält, so scheint dieser bis ins hohe Altertum zurückzureichen. Auf bestimmten Flachreliefs an indischen Tempeln sind Küsse von vor dreitausend Jahren dargestellt. Im *Hohelied*, dem im 4. Jahrhundert vor unserer Zeit zusammengestellten verruchtesten Buch des Alten Testaments, ermahnt die Frau ihren Geliebten: »Er küsse mich mit dem Kusse seines Mundes!« Was die griechischen Dichter anbelangt, so kennen auch sie den Kuss, machen aber nur moderat von ihm Gebrauch, so wie beispielsweise Anakreon, der über den Umweg des Portraits eines jungen Mädchens deren Lippen rühmt, »Lippen, wie der Peitho, die zum Kusse lockend laden«. Diese verstreuten Stellen zeichnen sich im Kielwasser der Nacht der alten Zivilisationen ab wie eine blass schäumende Gischt. Man kann zum Thema des Liebeskusses nichts Eindeutiges sagen, außer, dass die indoeuropäischen und semitischen Völker ihn seit Langem kennen.

Und anderswo? Die geographische Ausbreitung der Praktik des Kusses ist ebenfalls schlecht einzugrenzen. Leider gibt es keine systematischen Studien, die seine Präsenz in anderen Kulturen untersuchen. Aus Mangel an Quellen habe ich einige Anthropologen darüber befragt. Einer von ihnen hat mir freundlich entgegnet, dass zu seinem Studienbereich weltweit kaum einige hundert Wissenschaftler zählen und dass diese Leute es vorzögen, sich um ernsthaftere Themen zu kümmern.

Eine Gewissheit zeichnet sich dennoch ab: Die Praktik ist nicht universell, und vor der jetzigen Globalisierung wussten zahlreiche Kulturen überhaupt nichts vom Kuss (was nebenbei jenen Unrecht gibt, die in dieser Geste eine bloße Weiterführung eines tierischen Verhaltens sehen). Im 1772 veröffentlichten Bericht von seiner Weltreise zeigt sich Louis Antoine de Bougainville entzückt über die Sittenfreiheit auf Tahiti, liefert in gewisser Pracht und Fülle Details über das dortige Liebesleben, erwähnt jedoch nicht einen Kuss. Von seinen Erkundungen Äquatorialafrikas in den 1870er Jahren bringt der englische Forschungsreisende Samuel White Baker die Kunde vom Fehlen des Kusses dort vor Ort und präzisiert, dass man sich in manchen Stämmen gegenseitig die Augen leckt, um seine Zärtlichkeit zu bezeigen. »In Japan ist der Kuss als Zeichen der Zuneigung gänzlich unbekannt«, bestätigt der irische Schriftsteller Lafcadio Hearn, der sich dort in den 1890er Jahren aufhielt – im äußersten Fall handelt es sich um eine strikt den erotischen Spielen vorbehaltene Praktik, wie in China. Bei den Indianern scheint der Kuss unbekannt zu sein; allerdings berichten Paul Hyades und Joseph Deniker in ihrer *Mission scientifique du Cap Horn, 1882-1883*, dass die Bewohner Feuerlands ihre Wangen aneinanderreiben.

Umgekehrt kennt ein Großteil Europas eine Gepflogenheit nicht, die in etlichen Gegenden der Welt, insbesondere in Lappland, bei den Jakuten Sibiriens und in China, verbreitet zu sein scheint: den *Riechkuss*. Dieser besteht darin, die Nase an die Wange der geliebten Person zu legen und mit geschlossenen Augen lange ein- und wieder auszuatmen.

Man muss bei dem Versuch, diese Rohdaten der Beobachtung zu interpretieren, allerdings äußerst vorsichtig sein. Es ist nämlich laut der Beteuerung eines der Anthropologen, mit denen ich mich unterhalten habe, durchaus möglich, dass das, was wir unter den Kategorien »Sexualität« oder »Kuss« denken, außerhalb unserer

Kultur schlicht und ergreifend keine Entsprechung hat. Und um diese Behauptung zu stützen, gibt mir der Anthropologe ein pikantes Beispiel: In Neuguinea beglücken die Männer eines Stammes bei bestimmten Riten einander mit einer Fellatio. Auf den ersten Blick würde ein Europäer sagen, dass es sich um einen offenkundigen Fall von »Homosexualität« handelt. Irrtum! In dieser Gegend wird der männliche Samen als zugleich vitale und heilige Nahrung betrachtet. Das Ziel der Aktion ist also ausschließlich nahrungsbezogen, und auf der Ebene der »sexuellen Identität« trägt die Geste kaum weiter als in unseren Breiten das Verspeisen eines Lammkoteletts zu Ostern. Wenn wir also versucht sind, eine Nase oder Mund einbeziehende Zärtlichkeitsbezeigung in einer nichtabendländischen Kultur als einen Kuss zu definieren, laufen wir Gefahr, unsere Vorurteile einer von der unseren verschiedenen Realität aufzudrücken.

Um sich also auf die Gesten zu beschränken, die man studieren kann, weil wir über sie im Besitz einer breiten und zufriedenstellenden Dokumentation sind, so muss gesagt werden, dass erst unter dem römischen Imperium eine genaue Kodifizierung der sozialen Gepflogenheiten des Kusses zutage tritt. Die Römer unterschieden drei Arten zu küssen, eine jede an spezifische Zusammenhänge geknüpft und mit einem anderen Wort bezeichnet. So gab es das *basium* (Lippenkontakt ohne Einführung der Zunge), das zwischen den Mitgliedern einer Familie, zum Beispiel zwischen Vater und Sohn, ausgetauscht wurde. Dann kam das *osculum*, das Paare, Mitglieder der gleichen Körperschaft oder des gleichen sozialen Standes miteinander tauschten und das auch als Zeichen des Respekts galt. Schließlich verschmähten die Römer auch nicht das *suavium*, den schmachtenden und lasziven Kuss, den man einander mit offenem Mund gab.

Weit davon entfernt, diese Bräuche zu verdammen, adoptierten die frühen Christen sie mit Begeisterung. Dazu wurden sie übrigens von Paulus von Tarsus ausdrücklich ermuntert. Dieser erklärt in seinen *Thessalonicherbriefen*: »Grüßt alle Brüder mit dem heiligen Kuss« (V, 26). Ein Ratschlag, den er am Ende des *Römerbriefes* wiederholt: »Grüßt euch untereinander mit dem heiligen Kuss. Es grüßen euch alle Gemeinden Christi« (XVI, 16). Offensichtlich war nichts besser geeignet, um böse Zungen zu entfesseln: Die ersten christlichen Sekten erwarben schnell den Ruf, Orte der Ausschweifung zu sein, sah man doch dort junge Leute beiderlei Geschlechts, die sich weder kannten noch der gleichen Klasse angehörten, ständig einander auf den Mund küssen. Die Christen nannten sich untereinander nicht nur »Bruder« und »Schwester«, sondern maßen sich auch an, einander das *basium* zu geben, das dem Familienkreis vorbehalten war. Solche Missbräuche der Konventionen nährten Verdacht. Die skandalösen Gerüchte schwollen anscheinend so sehr an, dass sich Papst Innozenz III., des Krieges müde, zu Beginn des 13. Jahrhunderts gezwungen sah, dic Gepflogenheit des Kusses abzuschaffen – in der katholischen Kirche überlebte sie, doch in indirekten, von jeglicher erotischen Konnotation bereinigten Formen: So küsste man weiterhin den Maulesel des Papstes, die Ringe der Bischöfe oder die Reliquien der Heiligen.

Doch die Entscheidung von Innozenz III. bedeutete weitaus mehr, als bloß die eigenen Truppen zur Ordnung zu rufen. Indem er den Kuss aus dem Quasi-Monopol der Kirche befreite, indem er ihn aus der religiösen Sphäre verstieß, machte Innozenz ihn der Zivilgesellschaft zugänglich. So hat also zur Zeit der Renaissance der Kuss, noch beladen mit einer Aura des Heiligen, zum Eckpfeiler dessen werden können, was wir heute die Liebe nennen. Damit sich die Praktik bei den Laien verbreiten konnte, war es indes notwendig, sie mit einem neuen Sinn auszustatten, aus ihr ein unumgängliches Ritual der Intimität zu machen. Die Arbeit der Wiederaneignung des Kusses wurde, Ironie des Schicksals, nicht durch Massen nur auf ihre Launen horchender junger Verliebter vollzogen, sondern im Wesentlichen durch die Dichter und Humanisten, zuvorderst durch Johannes Secundus und Francesco Patrizi. Die Namen dieser beiden Schriftgelehrten hat die Nachwelt vergessen – wir wissen nicht, was wir ihnen verdanken. Um ihnen Gerechtigkeit widerfahren zu lassen, werde ich nun ihre Geschichte erzählen.

III. Und wenn nun meine Seele durch meinen Mund davon sich stähle …

Er starb mit vierundzwanzig Jahren. Von der Liebe kannte er wohl nur das Funkeln, die hellen Flammen, mit denen die Jugend so großzügig aufwartet. Er war schön. Auf dem wichtigsten Portrait, das man von ihm bewahrt hat, sieht er aus wie ein Mann in schon reifem Alter – das Gesicht markant gezimmert, mächtige Stirn, ein dichter brauner Bart, der die noch pausbäckigen Wangen verbirgt. Diesem Bart verdankt er seine virile Selbstsicherheit. Oder den ausladenden Schultern, dem wuchtigen Oberkörper. Er hat zum Nasenansatz hin leicht verschattete Augen, den sanften Blick eines Typen, der sich sein Lebtag viel herumgetrieben hat.

Er trug einen flämischen Namen, den man sich unmöglich merken kann: Jan Everaerts. Doch man nannte ihn bescheidener »Secundus«, denn er war der zweite Junge einer vielköpfigen Familie. Er war im Norden geboren, doch blieb ihm Zeit genug, um mit zweiundzwanzig Jahren in Bourges die Doktorwürde in den Rechtswissenschaften zu erlangen, Sekretär erst beim Erzbischof von Toledo, dann am spanischen Hof von Karl V. zu werden und den Kaiser auf seinem Zug nach Tunis zu begleiten, bevor er krank wurde. Er warf sich blindlings in die Arme einer Julia, einer Neaera, einer Venerilla – und wie vieler anderer! Er liebte die Verführung und die sinnlichen Freuden, empfand eine mächtige Leidenschaft für die Frauen. Er war rundum begabt. Als Bildhauer zeichnete er sich beim Fertigen von Medaillons aus. Als Dichter fand er ausreichend langen Atem, um Oden zu schreiben. Vor allem stellte er eine unsterbliche Folge von neunzehn in Latein verfassten Gedichten zusammen, die *Basia* (*Küsse*), bevor er 1536 in einem großen flämischen Marktflecken, der passenderweise Saint-Amand (frz. *amant* = Liebhaber) hieß, aus dem Leben schied.

Hätte dieser frühreife und geniale Dichter nicht die Lunte ans Pulverfass des 16. Jahrhunderts gelegt, wäre die Geschichte des Kusses anders verlaufen. Bei Johannes Secundus sind die Küsse noch schöner, wenn sie geschwind, zurückhaltend, sparsam verteilt werden, wenn Ihre Geliebte sie mit Rebellion, Verärgerung, kleinen Bissen einhergehen lässt, wenn sie verhandelt und sich wie toll gebärdet:

»Reiche die Lippen zum Kuss mir – so flehet' ich – reizendes Mädchen!
Leis' mit den Lippen darauf rührst du die Lippen mir an.
Aber erschreckt, wie der Fuß, der die Schlange getreten, zurückzuckt,
Wandtest den Mund du schnell mir von dem Munde hinweg.
Nein, mein liebliches Licht, nicht hast du den Kuss mir gegeben,

Gabst nach dem Kusse mir nur sehnliche
Flammenbegier.«

(*Dritter Kuss*)

In dieser poetischen Suite besingt Johannes den Zauber seiner Geliebten Neaera, einer blonden Spanierin – er selbst, gebürtig aus Den Haag, trug dagegen eine schwarze Mähne zur Schau, die jedem Hidalgo zur Ehre gereicht hätte. Im *Neunten Kuss* treibt er die Beschwörung des sanften Ausweichens, des femininen Ungehorsams, noch weiter. »Wenn um neun Küss' ich lüstern dich angefleht, / Verweigre du mir sieben, und zwei nur gib«, und zudem »beide weder lang noch tauig«, so dass er, erklärt er Neaera, ihr weiter nachjagen könne, sie umschlingen, sie gefügig machen, dass er in den Genuss käme, ihr die anderen Küsschen zu entreißen, indem er sie in die Mangel nähme, ihren Hals fest umklammerte. Küsse sind nur etwas wert, wenn sie in einem hitzigen Kampf errungen werden.

Die gesammelten Werke von Johannes Secundus wurden einige Jahre nach seinem Tod veröffentlicht, um 1541 in Utrecht. Ronsard, damals an der Schwelle zum Erwachsensein, las die *Basia* und war fasziniert von Secundus' eleganter Leichtigkeit, von seinen Bildern, die einem gehobenen Register entstammten, aber auch eine solide erotische Erfahrung verrieten. Seit der Antike war es keinem Dichter gelungen, einen derart subtilen und derart spirituellen Ton anzuschlagen, ohne dabei die Erde, die Schwere der Körper aus dem Blick zu verlieren.

Dem Einfluss dieses so jung verstorbenen Mannes verdanken wir die Allgegenwart der Küsse in den *Amoren* von Ronsard und durch einen Schneeballeffekt bei den meisten Dichtern der Pléiade und des Zeitalters der französischen Klassik.

Bei Ronsard kommt es häufig vor, dass er die *Basia* paraphrasiert:

»Doch liebt dein Hochmut, um sich zu erfrischen,
Den teuren Kuss mit Bitterkeit zu mischen
Und Kälte; doch ich weiß, dass reine Lust

Ich nicht ertrüg, und dass wohl meine Seele
Aus dem entzückten Mund davon sich stähle
Und ich vor Wonne stürb an deiner Brust.«

Jedoch lässt er trotzdem einen deutlichen Temperamentunterschied zu seinem Vorbild erkennen. Ronsard ist weniger Liebhaber von Ausweichmanövern, Finten und falscher Scham, er zieht eine ungezwungenere Hingabe an das Vergnügen vor:

»Ach! Komm zurück, mein Zucker süß
An meine Brust, auf meinen Schoß
Und lösch mit Küssen hundertfach
Im Herze mein die heiße Glut.
Gib mir ein Küsschen spitz auf spitz
Mal eines feucht, mal trocken eins

Mal plappernd eins, und eins auch mal
Das länger schwebt als jene noch
Der Täubchen, der possierlichen
In ihrem zweisam Wippen.«

Doch Vorsicht! Man darf sich hier nicht zu sehr von der Musikalität dieser Gedichte, von ihren suggestiven Bildern verführen lassen. In Wahrheit verstehen wir sie nicht. Und es handelt sich dabei nicht (oder nicht nur) um ein Problem des Vokabulars, der Archaismen. Für den Renaissancegelehrten existiert tatsächlich ein zugleich anatomischer und metaphysischer Hintergrund des Kusses; der Kuss ordnet sich in eine umfassendere Weltsicht ein, die uns heute nicht mehr ohne weiteres zugänglich ist. Wir sind imstande, über diese Gedichte zu sagen, dass sie gelungen, dass sie rhythmisch oder dass sie einfallsreich sind. Wir können nach Belieben ihre Form zerpflücken. Doch sehr viel schwerer fällt es uns, bis ins Innerste der von ihnen beschriebenen Erfahrung zu dringen. Unsere eigenen Küsse bringen heutzutage, zu Beginn des 21. Jahrhunderts, ganz und gar nicht mehr die gleichen Grundvoraussetzungen und die gleichen Glaubensvorstellungen zum Tragen. Wenn man sich zu Zeiten der Renaissance (zumindest in der feinen Gesellschaft) Küsse gab in Hülle und Fülle, ist das auch das Ergebnis einer Vorstellung vom Körper und vom Geist, die dem Druck der Moderne nicht standgehalten hat.

Um sich davon zu überzeugen, muss man nur einen seltsamen philosophischen Dialog mit dem Titel *Il Delfino* oder *Über den Kuss* lesen, den der Italiener Francesco Patrizi um 1560 hat veröffentlichen lassen, acht Jahre nach Ronsards *Amoren*. Dieses kleine Werk lässt erahnen, was nach der Vorstellung eines Humanisten des 16. Jahrhunderts beim Kuss auf dem Spiel stand – das mindeste, was man sagen kann: dass das nichts zu tun hatte mit dem geilen Gegeifere der Engtanznummern auf den Feten in unserer Jugend.

Nach den wenigen Portraits zu urteilen, die von ihm überliefert sind, ist Francesco Patrizi die Sorte Mensch, vor der man sich fürchten würde, hätte man sie als Prüfer in der mündlichen Abiturprüfung. Zu wie mit dem Schleifstein geschärften Gesichtszügen, einem schmalen Mund und fiebrig glänzenden Rattenaugen kommen vor allem auf Höhe der Schläfen sehr merkwürdige Ausbuchtungen, als ob er als Kind mit dem Kopf gegen Tischkanten gestoßen wäre und sich so die Schädelknochen eingedrückt hätte. Im Gegensatz zu Secundus gehört Patrizi nicht zu denen, deren physische Erscheinung zärtliche Gefühle weckt. Geboren auf der Insel Cherso, die inzwischen wieder in Cres umbenannt und an Kroatien angegliedert wurde, damals aber venezianisch war, trug Francesco auf seinen Schultern die Bürde einer schwierigen Herkunft: Sein Vater, des Protestantismus verdächtigt, war als Häretiker verurteilt worden. Als Sohn eines Paria sah sich Francesco also sehr früh auf sich allein gestellt. Er zeigte jedoch außergewöhnliche Veranlagungen. Glaubt man einem erhaltenen autobiographischen Brief, setzte er seinen Schulmeister in Entzücken, indem er bereits an seinem ersten Unterrichtstag lesen lernte. Als er etwas später zufällig auf eine zweisprachige lateinisch-griechische Xenophon-Ausgabe stieß, arbeitete er sich »ohne jede Anleitung noch Hilfe« in die griechische Sprache ein. Auf diese Weise bastelte er sich eine seltsame, buntgemischte Autodidaktengelehrtheit zusammen, liest die Philosophen, aber begeistert sich auch für Esoterik und okkulte Wissenschaften. Im Laufe seiner Karriere durfte er die verschiedensten Beschäftigungen ausüben. War er zunächst als Kaufmann und Ingenieur tätig, bewies er sich durch seine Schriften als einer der brillantesten Philosophen seines Jahrhunderts und bekam den Lehrstuhl für Philosophie an der Universität La Sapienza von Rom anvertraut (der führenden Universität Italiens im 16. Jahrhundert); in der Ewigen Stadt schenkte Papst Clemens VIII. ihm Gehör.

Unter seinen vielfältigen Aktivitäten gibt es eine, die vielleicht Einfluss auf seine Theorie des Kusses haben wird: Patrizi hat sich sehr für Hydraulik interessiert. In seinem an Baccio Valori adressierten autobiographischen Brief vom 12. Januar 1587 (in dem er von sich in der dritten Person erzählt und nebenbei gesagt Zeugnis von einer schier unerträglichen Prahlsucht ablegt), erklärt er nach seiner Rückkehr von einem Aufenthalt in Zypern, wie er sich darum gekümmert hatte, »ein sehr großes Dorf namens Caloprida nahe bei Famagusta in einer wunderschönen Gegend, die unter Hochwasser zu leiden hatte, trockenzulegen. Er legte Entwässerungsgräben an und kanalisierte die winterlichen Niederschläge, indem er sie speicherte, um damit zu bewässern und Baumwolle auszusäen.« Er verbesserte ebenfalls die Bodenqualität auf einem Anwesen namens Matoni, dessen ganzes Wasser »unter den Steinen eines Bachbetts« versickerte. Patrizi, dessen Aufmerksamkeit der Zirkulation, der Drainage und der Speicherung der Flüssigkeiten galt, wurde ganz natürlich dahin gebracht, sich, wie wir gleich sehen werden, darum zu sorgen, dass mit ihnen auch beim Schmusen und Lieben gut gehaushaltet wurde.

Kommen wir also zu seinem Büchlein, *Il Delfino*. Dieser vom damals einunddreißigjährigen Autor in einem naiven, Platon imitierenden Stil geschriebene Dialog setzt zwei Figuren um einen recht simplen dramatischen Plot herum in Szene: Delfino, ein vor lauter Fragen übersprudelnder junger Mann, begibt sich auf eine Insel zu einem alten Weisen, der dort zurückgezogen lebt und niemand anders als Patrizi selbst ist. Neugierig, doch unerfahren, will er den Philosophen über die »beim Kuss empfundene Süße« befragen. Zu einem großen Teil wird Patrizi im Laufe ihrer Unterhaltung die neuplatonischen Thesen wiederholen, die damals sehr in Mode sind. In zahlreichen Passagen nimmt er den Kommentar zu Platons Gastmahl (*Über die Liebe*) von Marsilio Ficino wieder auf, ein 1469 in Florenz verfasstes Werk, das auf die Gesamtheit der Denker und Künstler der Renaissance einen enormen Einfluss hatte.

Bei Ficino wird Patrizi eine Erklärung für das Gefühl der Verliebtheit suchen, die ernstzunehmen heute sehr schwer fällt, die damals jedoch gültige Lehrmeinung war und die man als *astrologisch* bezeichnen könnte. Sie lautet wie folgt: Während des Zeitraums, der unserer Geburt vorausgegangen ist, hat unsere Seele eine lange kosmische Reise zurücklegen müssen, bevor sie auf die Erde herabkam, um sich in einem Körper zu inkarnieren. Zuerst hatte sie »bei ihrem mit allen Ideen der geformten Dinge erfüllten Schöpfer« geweilt, gibt Patrizi kund. Damals war sie also mit Gott vereint und schöpfte aus ihm »die Essenz aller Ideen«. Dann hat sie sich von der göttlichen Einheit losgemacht, um »ihren kleinen, ätherischen Körper« anzunehmen. In diesem Körper aus Reinheit ist sie herabgekommen »durch die Himmel und die Elemente bis in die Leiber der Menschenmütter«: Ebendort, »die Materie auf sich nehmend«, ist sie schließlich Fleisch geworden. Auf ihrer ganzen interstellaren Reise unterliegen die Seelen entsprechend ihrer Bahn dem Einfluss der Sterne. Eine Seele nimmt die Qualität der Planeten an, die auf ihrem Weg »in dominanter Position stehen«, erklärt Patrizi, »ebenso, wie eine Person bei ihrem Spaziergang in der Sonne braun wird. Und sobald dann zwei Seelen das Ihre vom gleichen beherrschenden Planeten aufnehmen, werden sie einander ähnlich sein (jupiterianisch, venusianisch oder anderes), und aus einer solchen Ähnlichkeit geht die Liebe hervor.«

Diese typisch neuplatonische astrologische Theorie wird Patrizi zu seiner ersten entscheidenden Schlussfolgerung in Bezug auf den Kuss führen: Um einander zu lieben, bedürfe es einer gewissen Zwillingschaft zwischen den Seelen, angeborener Affinitäten, die direkt vom Einfluss der Planeten herrührten. Wenn zwei Seelen unter der Herrschaft Jupiters stünden, würden sie gut harmonieren und die natürliche Neigung haben, sich zu vereinen. Die Süße des Kusses hätte ihren Ursprung teils darin, dass die Seelen einander ähnelten; das soll erklären, dass der Kuss eines Vaters, eines Bruders oder eines Verwandten, oder auch der »von einer Frau, die alt oder hässlich ist oder einen üblen Mundgeruch hat«, niemals so gut sein werde wie der einer gleichaltrigen Person, die derselben astralen Anziehungskraft unterworfen gewesen sei wie wir. Nicht alle Küsse taugten gleichviel. Es bedürfe einer kosmischen Koinzidenz, damit die Geste all ihren Reiz annehme.

Es gibt jedoch einen zweiten Aspekt des Kusses, für den sich Ficino und Patrizi gleichermaßen interessieren und der uns diesmal auf ein sehr anderes Terrain führt, weil es sich nicht mehr um Astrologie, sondern konkreter um Physiologie handelt. Unsere Philosophen haben von Galen und Hippokrates eine medizinische Theorie der *spiritūs* geerbt, die sich als falsch erwiesen hat, damals aber allgemein verbreitet war. Wenn die Seele von göttlicher Natur ist, müssen im Körper durchaus materielle kleine Partikel existieren, die *spiritūs*, denen eine fundamentale Rolle zugedacht wäre: Die *spiritūs* entstehen im Herzen, werden vom Blut fortbewegt, verbinden das

Gehirn mit den verschiedenen Organen und Gliedmaßen und erlauben das Zirkulieren der vitalen Energie. Da sie die Funktion des Nervensystems noch nicht entdeckt haben, schreiben die Gelehrten der Antike und der Renaissance das Vermögen zur Gewährleistung sowohl des Zusammenhalts als auch der Bewegung des Körpers, aber ebenso zur Erhaltung der Wärme in ihm genau jenen *spiritūs* zu. Patrizi erklärt: »Der *spiritus* ist, wenn man ihn in seinem menschlichen Sinn nimmt, nichts anderes als ein sehr feiner, vom Herzen durch dessen natürliche Wärme hervorgebrachter Dampf aus Blut. Besagter *spiritus* transportiert durch die Adern, die die Mediziner Arterien nennen, die Wärme des Herzens bis in die kleinsten Partikel des lebenden Körpers und halten diese ganz warm und ganz lebendig.« Da der *spiritus* warm und flüchtig ist, ist er in den höheren Körperpartien weiter verbreitet; er versorgt das Hirn mit Blut und erlaubt zugleich das Empfinden und das Wollen.

Das besagt, welch kostbare Substanz der *spiritus* ist – außerdem ist er sehr fein und instabil, droht stets, sich zu verflüchtigen, und darin liegt das Drama des Alterns und des Todes. Ständig laufen wir Gefahr, unsere Lebensgeister durch die Gesamtheit der Poren und Öffnungen unseres Körpers entwischen zu lassen. In einem fort gehen sie uns verloren, und sei es durch die Augen, warnt Patrizi. »Ich gebe dir zwei Beweise dafür in einem. Den ersten sieht man bei der menstruierenden Frau: Wenn sie sich im Spiegel anschaut, befleckt sie ihn fast mit Bluttröpfchen.« Zweiter Beweis: Wenn man einem Kranken fest in die Augen starrt, wird man seinerseits krank. Man versteht also, dass man in der Liebe und dem fleischlichen Verkehr ein sehr großes Risiko eingeht. Marsilio Ficino warnte: »Wohin sich die andauernde Aufmerksamkeit der Seele auch wendet, dorthin eilen auch die *spiritūs* … Die Seele des Liebenden ist nun zum Bild des Geliebten, das in seine Imagination eingeprägt ist, und zum Geliebten selbst hingezogen; auch die *spiritūs* wenden sich eilig dorthin und versiegen nach und nach.« Die Liebe bringt uns in Gefahr, weil wir unsere vitalen Reserven in der Faszination verausgaben. Man geht das Risiko ein, in Melancholie zu verfallen, als Folge der Ermüdung. »Wenn das reine und klare Blut aufgezehrt ist, bleibt das unreine, dickflüssige, vertrocknete und schwarze Blut. Von nun an trocknen die Liebenden aus und verschlacken und werden melancholisch. Tatsächlich ist aus dem vertrockneten, dickflüssigen und schwarzen Blut die Melancholie gemacht, die den Kopf mit ihren Ausdünstungen füllt, das Gehirn austrocknet und die Seele unaufhörlich bei Tag und bei Nacht mit finsteren und erschreckenden Visionen quält.« Darum rät Ficino bei den Gefühlen zu größter Vorsicht und empfiehlt, sich einzig an jene keusche Form der Liebe zu halten, die man heute »platonisch« nennt. Ficino zufolge ist es bereits gefährlich, die Person, die man liebt, ob Mann oder Frau, zu inständig zu betrachten; sie zu küssen oder mit ihr Liebe zu machen heißt, ein tödliches Risiko einzugehen, sich einem solchen Verlust des *spiritus* auszusetzen, dass er uns im Nu an die Schwelle zum Tod bringen wird.

Und genau an diesem Punkt wird sich Patrizi, der bis hierhin den Fußstapfen seines Meisters gefolgt war und sich damit begnügte, die höchst ehrenwerten Ratschläge des großen Ficino zu wiederholen, von diesem absetzen. Er wird sogar einen völlig neuen Weg eröffnen, auch wenn er dabei die gleiche Terminologie und den gleichen theoretischen Rahmen beibehält. Patrizis philosophische Vorgehensweise ist kühn, selbst wenn uns ihr innovativer Aspekt leicht entgeht – tatsächlich wird er schlicht und ergreifend den Kuss vor dem Verbot retten, das die Neuplatoniker über ihn verhängen, eine Ächtung, die ihre Kraft aus den damaligen medizinischen Auffassungen bezieht.

Es sei, wie Patrizi in *Il Delfino* anerkennt, in der Tat völlig zutreffend, dass wir bei den Liebesakten enorme Mengen an *spiritus* verlieren. Wenn wir allerdings schon unsere eigenen Lebensfluida verlieren, können wir uns immerhin von der Substanz desjenigen ernähren, den wir lieben. Jeder Liebende stopft sich mit den *spiritūs* des Anderen voll. »Aus dem gleichen Grund ist der saugende Kuss lieblicher als der, den man sich nur mit gespitzten Lippen gibt, denn er erlaubt es nicht nur, die vom Herz ausgestoßenen *spiritūs* wieder einzusammeln, sondern auch, dank der Saugkraft noch viele weitere hinzuzugewinnen, von denen man sich ernährt.« Patrizi, wie Ficino um das Zirkulieren der Fluida besorgt, stellt mit viel Geschick das hydraulische Gleichgewicht wieder her. Da die Zunge ein schwammartiges, porenüberzogenes Organ ist, werden die Liebenden zu kommunizierenden

Röhren. Indem sie einander in die Augen schauen, ihre Zungen umeinanderkreisen lassen, stärken sie das Licht ihrer Zwillingsseelen, doch auch die Kraft ihrer Herzen. Alles, was ich von meiner Lebenskraft entweichen lasse, geht in dich ein, alles, was du verlierst, wird in mir aufgefangen. Durch diese zärtlichen Spiele entgeht die körperliche Existenz der Austrocknung und Abkühlung, wird sie Verschmelzung in Licht und in Wärme. Mit Patrizi zeichnet sich also eine andere existenzielle Weisheit ab: Die Erotik wird bei ihm zum Jungbrunnen, das Fehlen von Zärtlichkeiten hingegen zum sichersten Mittel, vor der Zeit zu vergreisen und sich im Winter seines Daseins wiederzufinden, da man seine eigene vitale Substanz hat verströmen lassen, ohne sich je an der eines geliebten Wesens wiederaufzuladen.

Gewiss ist Patrizi ein hochspekulativer Philosoph und Gelehrter, der ausgehend von dem Strickmuster, das ihm von Marsilio Ficino hinterlassen wurde, und von den Rudimenten anatomischer Kenntnisse, die er von den antiken Denkern geerbt hat, nach Gutdünken weiterfabuliert. Keiner der Renaissancegelehrten hatte eine auch nur annähernd so ausgearbeitete Theorie des wechselseitigen Konsums des *spiritus* im Kuss. Und dennoch erlaubt uns *Il Delfino* eine Relektüre der Sonette von Ronsard, deren metaphysischen Hintergrund und deren Tiefe Patrizi für uns wiederherstellt. Nehmen wir uns mit diesem Schlüssel beispielsweise das Sonett 218 aus den *Amoren* wieder vor:

»Dies Zwillingsaug, an dem ich gierig weid,
Das die, die sich ihm nahn, zu Felsen macht,
Mit wilden Blicken, oder wenn es lacht,
Es nährt mein Herz im Frieden wie im Streit.

Durch Euch, o schönes Aug, schweig ich im Leid,
Doch kaum hat neu es meinen Schmerz entfacht,
Hat mir der engelgleiche Mund gebracht
Die Süße, die mein Leben stets erneut.

Was kommst du, Mund, mich meinem Tod entreißen,
Den dieses schöne Auge mir verheißen?
Warum soll ich mich neu am Leben wähnen?

Ach Mund! Weh mir! Die Sehnsucht hat mich wieder,
Und neue Sorge senkt mit scharfen Zähnen
Sich nur noch länger auf mein Herz hernieder.

Die Frau, die ich liebe, anzuschauen, laugt mich aus, doch sie auf den Mund zu küssen, lässt mich wieder zu Kräften kommen: So sähe demnach ein mögliches Resümee dieses Gedichts aus. Man findet hier mehrere der bei Patrizi aufgespürten heiklen Punkte wieder: Das Auge der geliebten Frau wird »Zwilling« genannt; es hat die Macht zu versteinern, jenen, der sich ihm nähert, in einen mineralischen Tod zu stürzen; dabei entgeht der Liebende dem Tod, indem er sich an der Nahrung der Küsse labt. Ronsard ist augenscheinlich kein Philosoph, und sein Gebrauch der Begriffe entspricht einer ziemlich lockeren Metaphysik, weniger durchstrukturiert als die eines professionellen Konzeptbaumeisters wie Ficino oder Patrizi, und dennoch spürt man deutlich, dass man es mit demselben Repräsentationsuniversum zu tun hat. Man muss verstehen, dass im 16. Jahrhundert der Mund noch ein geheimnisumwobener Ort ist: Durch dieses Loch ernährt sich der Leib, und durch ihn entweicht die Seele im Moment des Todes. Zudem wird die Einheit von Seele und Leib als etwas dem Wesen nach sehr Fragiles betrachtet: So wie die Seele im Moment der Empfängnis in einem ganz kurzen Augenblick ins Fleisch hinabgestiegen ist, kann sie jederzeit der materiellen Hülle, die sie beherbergt, entrissen werden. Unter solchen Bedingungen ist Küssen kein neutraler Akt. Es heißt, Gefahr zu laufen, die Seele des Anderen einzuatmen oder die eigene Seele zu verlieren. Heute wissen wir, dass der Kuss bestimmte hygienische Risiken beinhaltet, da zahlreiche Keime und Mikroben durch den Speichel übertragen werden; wir haben genaue Kenntnis über die oral übertragbaren Krankheiten (Erkältung, Grippe, Angina, Pfeiffersches Drüsenfieber, Herpes, Hepatitis B ...). Die meisten dieser Infektionen können übrigens recht leicht kuriert werden. Der Mensch der Renaissance hat eine Intuition für die Gefahr, doch keine wissenschaftliche Erkenntnis über sie: Mit einem Nimbus des Geheimnisvollen versehen, repräsentiert der Kuss also eine Art von Sprung ins Leere oder von metaphysischer Probe, von fleischlichem Flirt mit dem Tod.

Heutzutage leben solche Auffassungen gleichwohl in der Figur von Dracula und dem populären Erfolg der Vampir-Mythologie fort. Für einige Augenblicke die Mittelmäßigkeit der *conditio humana* vergessend und neue Kraft aus den Emanationen der astralen Ewigkeit schöpfend, sind die Liebenden von Francesco Patrizi füreinander ganz gewiss genau das: Vampire. Im Übrigen legt Patrizi am Ende seines Dialogs als eine Art Schlussfolgerung nahe, dass es eine Stelle am Körper der geliebten Frau gebe, die zu küssen im Vergleich zum Mund noch viel lieblicher sei. Diese Stelle sei der Hals. Genauer gesagt: auf der linken Seite, wo die Halsschlagader verläuft. Dort sei man wirklich ganz nah am Herzen, große Mengen Blut flössen ganz dicht unter der Haut, so nah, dass unser Mund dort *spiritūs* in überreicher Fülle schmecken könne, noch warm, da sie gerade erst vom Herzen heraufgepumpt worden seien. Der mit Saugen und Beißen einhergehende Kuss auf den Hals sei ein Festschmaus von seltener Intensität. Bevor also die Vampire zu jenen furchterregenden Kreaturen aus den verschneiten Wäldern der Karpaten oder dem Londoner Nebel geworden sind, haben sie vermutlich im Mittelmeerraum Station gemacht. Und nicht als zu einer bleichen, nächtlichen Existenz verdammte Untote sollte man sie sich vorstellen, sondern, falls wir dazu imstande sind, als geradewegs einem Gemälde von Botticelli entstiegene junge Leute, die mit offenem Haar in einer frühlingshaften Natur umhertollen, während die Sonne in ihren schönen, venezianisch blonden Locken spielt.

IV. NATURGESCHMACK

Freilich hätte die Vernunft sehr gut mit dem Kuss fertig werden können. Er hätte ja mit manch anderen Bräuchen wie dem Handkuss, den Schönheitspflästerchen und den Reifröcken in eine Besenkammer der Geschichte abgeschoben werden können, etikettiert als eine unverständliche Marotte der Altvorderen. Warum hat man trotzdem weitergeküsst, obwohl die Sache doch keinerlei kollektiven Nutzen hat, keinen Orgasmus hervorruft und durchaus reale epidemiologische Gefahren aufweist?

Die Frage ist im Jahrhundert der Aufklärung aufgekommen, und der Totengräber des Kusses hätte gut und gern Voltaire persönlich sein können. In seinem *Dictionnaire philosophique* widmet er dem Kuss einen schonungslosen Artikel, fest entschlossen, die Rolle des Spielverderbers zu übernehmen: »Ich bitte die jungen Herren und Damen um Verzeihung, doch vielleicht werden sie hier ganz und gar nicht finden, wonach sie suchen. Dieser Artikel ist nur für Gelehrte und ernsthafte Leute gedacht, für die der Kuss kaum schicklich ist.« Wenn Voltaire Anklage gegen den Kuss erhebt, dann nicht im Namen der Moral, sondern des Fortschrittsglaubens. Und wenn er sich einzig an die Gelehrten wenden möchte, dann deshalb, weil er rationale Argumente geltend zu machen hat. *Primo* hätten die Literaten zu viel Gewese um dieses Herumgeschmuse gemacht. Hauptsächlich die Theaterautoren: »In den Komödien aus Molières Zeit geht es nur allzu oft ums Küssen.« Zumeist seien die Schauspieler grässlich gewesen, und das Spektakel, das sie mit ihren aufgesetzten Gefühlsausbrüchen auf den Bühnenbrettern darboten, habe, wenn man ihm Glauben schenken soll, das Publikum wie einen Frondienst über sich ergehen lassen. *Secundo* zählt unser Ironiker Beispiele für Küsse auf, die mit Verrat einhergingen: Neben jenem berühmten, mit dem Judas Christus an die römischen Legionäre auslieferte, erinnert Voltaire daran, dass die Verschwörer von Rom innig die Hand, die Brust und das Gesicht Cäsars küssten, bevor sie ihn mit Dolchstößen durchbohrten. »Küssend zu verraten war eine abscheuliche Sache« – woraus er den Schluss zieht, dass diese scheinbar aufrichtige Geste völlig problemlos mit Falschheit, Lüge und Totschlag vereinbar sei. *Tertio* sei der Kuss das Vorrecht der Monarchen, der Mächtigen, der Aristokraten – »die Kardinäle hatten das Recht, die Königinnen auf den Mund zu küssen«. Da der Kuss somit die inzestuösen Verbindungen zwischen Kirche und Adel manifestiere, vom gesunden Volksempfinden jedoch abgelehnt würde, wäre er die Apanage der höfischen Gesellschaften und demnach ein Hemmschuh für den Vormarsch der Moderne.

Voltaire ist unerbittlich: So theatralisch, heuchlerisch, symptomatisch für die Konzessionen an die sogenannten Gläubigen und Privilegierten, wie der Kuss ist, passt er nicht zur Ära der Aufklärung, die der Philosoph herbeisehnt. Und dennoch … der Fortgang der Geschichte wird ihm Unrecht geben. Der Kuss wird all diese Kritiken, so scharf sie auch sein mögen, überleben. Und wenn er in einem Jahrhundert triumphierender Vernunft an künftige Generationen weitergegeben wurde, verdanken wir das zweifelsohne zwei Autoren, die sich vehement für ihn ausgesprochen haben: Jean-Jacques Rousseau und Marquis de Sade. Jeder wird auf seine Weise das Vergnügen des Küssens wieder aufwerten, indem er ihm eine andere Orientierung gibt, einen modernen Sinn, den er unter der Feder eines Johannes Secundus oder eines Pierre Ronsard nicht besaß. Obwohl sie auf dem Schachfeld der Werte wie der Psychopathologien die denkbar entgegengesetztesten Positionen einnehmen, werden Rousseau und de Sade die Fundamente zu einer neuen Metaphysik des Kusses legen.

1761 veröffentlicht Jean-Jacques Rousseau einen der Bestseller des 18. Jahrhunderts: *La Nouvelle Héloïse* (*Julie oder Die neue Héloïse*). Heute hat das Werk nicht den besten Ruf. Keine Schulausgabe, in der das Vorwort nicht mit einigen Entschuldigungen einsetzte, da der Roman für die Gymnasiasten, die sich durch ihn hindurchkämpfen müssten, als zu lang, zu fade und zu unzeitgemäß erachtet wird. Es handelt sich indessen um einen Gründungstext, in dem sich Rousseau einer intellektuellen Erfahrung hingibt, die mit jener von René Descartes im *Discours de la méthode* vergleichbar ist. Als Descartes zu Beginn des 17. Jahrhunderts zur Feder greift, war die Philosophie ausgeartet in endlose Diskussionen zwischen Universitätsgelehrten, die wegen der Interpretation des aristotelischen Textkorpus einander in Stücke rissen, wobei sie in dem Versuch, den Zusammenhalt des Erbes aus dem griechischen Denken und der Bibel zu wahren, immer ausgeklügeltere, immer wackligere Theorien zurechtzimmerten. Descartes hat diesen gelehrten Haarspaltereien einen Riegel vorgeschoben: Er hat sich in ein Zimmer in Oberbayern an einen warmen Ofen zurückgezogen, alle Bücher beiseite gelegt und bewusst die Lehren seiner Professoren vergessen, um bei einer einsamen Meditation mit seinen eigenen Mitteln nach der Wahrheit zu suchen. Rousseau macht nun das gleiche mit der Liebe. Jahrhundertelang hatten die höfischen Dichter, die Neuplatoniker, die Preziösen, die Libertins unaufhörlich immer raffiniertere Betrachtungen über dieses Gefühl angehäuft und es in ein wahres Labyrinth, in eine von Außerirdischen bewohnte spirituelle Galaxie verwandelt. Rousseau will reinen Tisch machen mit dieser ganzen Scholastik der Liebe, um sie in ihrer ursprünglichen Form, im Reinzustand wiederzuentdecken. Er wird dem Kuss seinen Naturgeschmack zurückgeben.

Wenn die Handlung der *Neuen Héloïse* in einer »kleinen Stadt am Fuße der Alpen« angesiedelt ist, ist das keine bloße Laune des Romanciers, sondern eine wirklich philosophische Wahl. Dort befinden sich seine Romanfiguren, Julie und Saint-Preux, fernab der Salons, fernab der Kunst der Konversation, die der regelmäßige Umgang mit einer vielgestalten und raffinierten Gesellschaft auferlegt. Saint-Preux schreibt an seine Geliebte: »Alle großen Leidenschaften entstehen in der Einsamkeit; in der mondänen Welt, wo kein Gegenstand Zeit hat, tiefen Eindruck zu machen, wo die Vielfalt des Geschmacks der Empfindungen Stärke schwächt, kennt man keine solchen Leidenschaften.« Rousseaus Figuren sind keine Ignoranten, doch sie misstrauen der Lektüre. Saint-Preux, Julies Hauslehrer (und Verführer), stellt für sie ein spezielles Studienprogramm auf, für das er nur eine geringe Anzahl von Büchern vorgesehen hat. »Was würden wir denn aus solchen Büchern über die Liebe lernen? Ach Julie, unser Herz sagt uns darüber mehr als sie; und der Bücher nachgeahmte Sprache ist für jeden, der selbst liebt, sehr frostig! Zudem entkräften diese Beschäftigungen die Seele, verführen sie zu weichlichem Wesen und nehmen ihr alle Kraft.« Indem er die Trugbilder der Kultur hinwegfegt, erschafft Rousseau in seinem literarischen Laboratorium aufs Neue die geeigneten Bedingungen für die spontane Entstehung der Liebe. (Plante man heute ein ähnliches intellektuelles Unterfangen, müsste man sich die Geschichte zweier junger Menschen vorstellen, die sich lieben würden, ohne je einen einzigen Pornofilm gesehen zu haben, und die sich ohne vorgefasste Idee einander anbieten würden, indem sie einfach auf ihr Herz hören.)

Was entdeckt Rousseau mit dieser Methode? Er gelangt mit ihr zu einer ebenso einfachen wie anspruchsvollen Definition der Liebe: Liebe ist die Verschmelzung zweier Seelen, die nur erreicht werden kann, wenn keine vor der anderen ein Geheimnis hat, wenn die Verliebten in totaler Offenheit leben. In einem wichtigen Brief legt Julie Saint-Preux ihre Ansichten über die Eifersucht dar: Für sie ist das schlicht und ergreifend eine Absurdität, ein logischer Widerspruch. Man kann nur eifersüchtig sein, wenn man nicht liebt. Tatsächlich muss, damit die Eifersucht möglich wird, zumindest hypothetisch auch die Verstellung möglich sein. Die absolute Aufrichtigkeit zwischen zwei sich liebenden Wesen ist nun aber die *conditio sine qua non* der Liebe. Sie sagen einander alles und vertrauen einander ihre Empfindungen an, vor allem, wenn jemand anderes ihnen gefällt oder sie durcheinanderbringt.

Indem sie einander *wie im Buch geschrieben* lieben, erregen Julie und Saint-Preux die Bewunderung ihrer Nächsten und ziehen ihre Umgebung in ihren Bann. Sie leben die authentische, die interesselose Liebe, von der sich jene, die ein wenig mit der Wollust und den Gepflogenheiten der mondänen Welt in Berührung gekommen sind, gern fernhalten. Deshalb lässt sich Mylord Eduard, ein reicher und blasierter, sehr dem Punsch zugetaner Engländer, folgendermaßen über sie aus: »Ihrer beiden Seelen sind so außergewöhnlich, dass man sie nicht nach gemeinen Regeln beurteilen kann; Ihr Glück ist sowohl in seiner Bahn als auch in seiner Art von andrer Menschen Glücke verschieden. Diese suchen nur Macht und Bewunderung; Sie hingegen brauchen nur Zärtlichkeit und Frieden.«

Dass der Kulminationspunkt des Ersten Buchs der *Neuen Héloïse* ein Kuss ist, erstaunt also keineswegs –

Rousseau will sich von den Libertins und der Mode der obszönen Literatur, die sich in der Aristokratie verbreitet hat, abgrenzen, um Sinnlichkeit wieder auf zurückhaltendere Weise heraufzubeschwören. »Glauben Sie mir, mein Freund, Ausschweifung und wahre Liebe können sich nicht beisammen finden, diese kann nicht einmal durch jene ersetzt werden«, erklärt Julie. »Das Herz macht in der Liebe das wahre Glück aus; und nichts kann den Verlust ersetzen, sobald man sich nicht mehr liebt.« Der Kuss, den Julie und Saint-Preux tauschen, wird allerdings beträchtliche Wirkung haben: Er wird bei den Leserinnen und Lesern in ganz Europa Leidenschaften entfesseln und über mindestens ein Jahrhundert hinweg Gegenstand einer erheblichen Anzahl von Remakes im modernen Roman sein. Weil er sich in einem Hain ereignet, ruft dieser Kuss unweigerlich den Garten Eden oder die Episode vom brennenden Dornbusch in Erinnerung. Er ist in jedem Fall mit einem nichtintellektuellen Mystizismus aufgeladen, einem derartigen Herzensdrang, dass man rückblickend darin zurecht die Geburt der *romantischen* Weltsicht sehen kann – in der sich zum am Grund der Natur verborgenen Mysterium wieder die Verherrlichung des Gefühls gesellt: »Allein, wie wurde mir einen Augenblick hernach, als ich – die Hand bebt mir – ein angenehmes Zittern – Deinen Rosenmund – Juliens Mund – fühlte ich – wie er auf dem meinigen ruhte, auf den meinigen sich presste, und wie mein Leib, von deinen Armen umschlossen war. Nein, des Himmels Feuer ist nicht heftiger, nicht schneller als jenes, das mich augenblicklich entzündete. [...] Mit unsern Seufzern verhauchte das Feuer von den brennenden Lippen, und mein Herz erstarb unter der Wonne Last, da ich auf einmal Dich erblassen, Deine schönen Augen schließen [...] sah. Also verdrängte der Schrecken die Freude, und mein Glück eilte wie ein Blitz vorüber.«

Freilich wird, wie immer bei Rousseau, die Kultur all dem Guten, das es im Ausdruck der natürlichen Gefühle gab, im Wege stehen und es zuschanden machen. Die sozialen Anstandsregeln werden der Idylle von Julie und Saint-Preux ein Ende bereiten. Saint-Preux hat nämlich weder Adelstitel noch Vermögen; und Julies Vater ist ein gestrenger, der Etikette verhafteter Mann, der kein anderes Kind hat und nicht will, dass seine Blutlinie kläglich endet. Deshalb wird Julie schließlich dazu überredet werden, einen Mann ihres Ranges zu heiraten, Herrn von Wolmar – was die Hoffnungen unserer beiden Turteltäubchen endgültig begräbt.

Indessen sind die Romanhelden sehr spezielle Kreaturen, die nicht vom Tod ins Nichts stürzen, sondern imstande sind, sich in anderen Werken zu reinkarnieren, unter ihren eigenen Namen oder in Form diverser Imitationen und Avatare. So taucht in Marquis de Sades *Histoire de Juliette* (1795) eine gewisse Madame de Volmar wieder auf. In diesem zweiten Leben hat die Geliebte von Saint-Preux allerdings einen Buchstaben in ihrem Namen ausgetauscht – das W ist durch ein direkteres, sinnlicheres V ersetzt worden –, und ihr Naturell hat sich gewandelt.

Im Roman tritt Madame de Volmar, Nonne im Kloster Panthemont, der Abtei, aus der »schon seit manchem Jahr die liebreizendsten und lasterlustigsten Weibsbilder von ganz Paris hervorgehen«, zum ersten Mal auf, indem sie folgende Worte an die Mutter Oberin richtet: »›Ich wette, dass du mich heute nicht zum Ausspritzen bringst; ich bin ausgelaugt, meine Teure; ich habe die Nacht über bei Fontenille gelegen … Ich vergöttere diesen kleinen Lustmolch; zeit meines Lebens ward ich noch nie so fingerfertig gestipst … nie noch habe ich in solchem Überfluss … und mit soviel Wonne soviel Seim gelassen.‹« Als sie zum ersten Mal Juliette sieht, ist sie hingerissen von ihr. Zudem hat die Volmar de Sades eine anatomische Besonderheit, die aus ihr ein Fabelwesen macht: »Sie verfügt über eine drei Zoll [sprich siebeneinhalb Zentimeter] lange Klitoris«, mit der sie es mit einer Frau treiben kann wie eine »Tribade« oder ein »Arschficker«. Im Übrigen wird sie ihre Begabungen unverzüglich an der Heldin des Romans zur Anwendung bringen. Juliette wird Madame de Volmars ersten gierigen Kuss so beschreiben: »Die Lustdirne [schmiegt sich] eng an mich, rammt mir ihre Schamzunge in den Arsch, wackelt lange auf und ab, dreht meinen Kopf zu sich, küsst meinen Mund voll Inbrunst, nuckelt an meiner Zunge und wickst mich arschfickenderweise.«

Tatsächlich wird in den Romanen de Sades sehr oft geküsst, und die bekennende Pornographie stuft diese Praktik keineswegs herab: »Unsere Zungen mögen sich umschlingen … miteinander ringen … sich aneinander wetzen; du wirst mir diesen Samthansen in den Muttermund rammen«, wird Juliette von der Mutter Oberin angekündigt. Etwas später verlangt ein Minister Saint-Fond inmitten der Orgie von ihr, sich für ein Opfer eine Marter auszudenken: »›Und was wollen wir nun mit ihr anstellen?‹, fragte mich St.-Fond, indem er meinen Mund mit Küssen verzehrte und mir seinen Schwanz bis zu den Eingeweiden hineinrammte. ›Lass dir etwas beifallen, Juliette, erfinde irgend etwas; dein Köpfchen ist köstlich, all deine Vorschläge sind göttlich.‹« Wenn de Sade Küsse beschreibt, ist ständig nur von heißen, feurigen, glühenden Zungen die Rede, die in die Münder der Partner hineinfahren, in sie dringen und brutal in ihnen wühlen, wie Dildos oder männliche Glieder. Außerdem dienen diese Zungen nach dem Vorbild von Madame de Volmars Anhängsel auch dazu, die Ärsche der Libertins zu »sokratisieren«.

Wenn das Blut aus den Wunden ihrer Opfer fließt, stürzen die Libertins herbei, um zu trinken. Ein Nichts genügt, und ihr Kuss verwandelt sich in eine abscheuliche Zerfleischung, wie in einer in Italien angesiedelten Schlüsselszene des Romans: Dort schlüpft der infame Moberti in ein Tigerfell, »dessen vier Tatzen mit ungeheuerlichen Krallen bewehrt waren und dessen Schnauze man so angelegt hatte, dass er mit seinem Mund nach allem schnappen konnte, was in Reichweite lag«. Derart als wildes Tier verkleidet, stürzt er sich auf seine Lieblingsgespielin Zanetti, die mit Juliettes Hilfe gefesselt wurde. Er zerfetzt ihr zuerst die Augen, die Wangen, den Mund und macht sich dann daran, sie zu küssen oder vielmehr ihre Lippen zu fressen: Er »wurde nicht müde, den Mund dieser Elenden zu küssen, um, wie er vorgab, die unbezahlbaren Schmerzensausbrüche einer Frau zu pflücken, die er so innig geliebt«. Unerträgliche Schreie, Beben der Nerven, Zucken der Muskeln, Ströme von Blut – der Mund ist für de Sade das Organ, das in höchstem Maße imstande ist, Schmerz auszudrücken, mehr noch als die Vulva, die ja nicht brüllt. Durch den Mund wird der Schmerz zugefügt, wird er schmeckbar, berührbar und vernehmbar. Darum gibt es keine vollendetere Grausamkeit, als diese Frauenlippen im wahrsten Sinn des Wortes zu fressen.

So fern der *Kuss des Libertins* bei de Sade dem *romantischen Kuss* bei Rousseau auch sein mag, so schöpfen sie doch ihre Inspiration aus derselben Quelle: der Natur. Tatsächlich versuchen beide Schriftsteller, den authentischen Geschmack des Kusses wiederzufinden, jenes Kusses, der weder von der Moral versüßlicht noch von den Fortschritten der Zivilisation verschmutzt wurde. Für Rousseau ist es folgendermaßen: »Wo die Liebe regiert, da hat bereits die Natur gewählt.« Zudem ist nichts abwegiger und gefährlicher, als diesem Gefühl eine künstliche Ordnung entgegenstellen zu wollen. »Diese zwei schönen Seelen gingen, eine wie die andre, aus den Händen der Natur hervor; in einer süßen Verbindung, im Schoße des Glücks, hätten sie ihre Kräfte frei entwickelt, ihre Tugenden geübt und wären mit leuchtendem Beispiele der Welt vorangegangen«, bedauert Mylord Eduard. In der Liebe gibt es eine irreduzible Kraft; dieses Gefühl lässt sich nicht erzwingen, es steht außerhalb des Gesetzes, ist asozial, und ebendas macht seine Größe aus, unterscheidet es aber auch vom bloßen Sexualtrieb. Wenn allein der Sexualtrieb unser Verhalten beherrschen würde, würde der Koitus vollauf genügen, und wir könnten den ad hoc erledigen, zwischen Tür und Angel. Doch die Natur hat auch eher interesselose Bedürfnisse in uns gelegt, ein tieferes Verlangen nach Einheit, und deshalb küssen wir einander.

De Sades Vorschlag ist zu Beginn derselbe: Wenden wir uns von den offiziellen Lehren ab und formen wir unsere Einstellungen nach den Lehren, die wir aus der Beobachtung der Gesetze in der Natur ziehen können. Doch die Schlussfolgerungen sind radikal entgegengesetzt. Noirceuils Lehre lautet: »›Wofern man nur die Natur in den Blick nimmt, sind all unsere Taten gleichwertig‹«, es gibt also weder Gut noch Böse, kein geltendes Verbot, das anders als ein durch Illusionen oder den menschlichen Hochmut errichtetes bloßes Vorurteil wirken würde. »›Das Verbrechen ist also reiner Schein; in Wirklichkeit gibt es gar keine Verbrechen, keine Möglichkeit, wider die Natur zu freveln, die in einem steten Wandel begriffen … und allzu sehr über uns erhaben ist, als dass sie von uns irgend etwas zu befürchten hätte. Es gibt keine Tat, da mögen Sie sie für noch so haarsträubend, gräuelreich und schändlich erachten, die wir nicht bedenkenlos begehen dürften, wann immer wir Lust dazu verspüren; ja, was sage ich: es wäre sogar eine Sünde, wenn wir sie unterließen, denn sie ward uns von der Natur eingehaucht ...‹« Kein anderes Gesetz in einer Natur, die Jäger und Beute hervorgebracht, manchen eine robuste Konstitution und anderen einen kleinmütigen Charakter gegeben hat, als das Recht des Stärkeren. Fühlen wir uns zu Mord, Vergewaltigung, Inzest, Folter, Koprophagie hingezogen? Unterdrücken wir diese uns innewohnenden Regungen nicht im Namen der Religion oder irgendeiner anderen irrigen Weltsicht, geben wir uns im Gegenteil diesen Neigungen hin, folgen wir dem Hang der Natur, da das die einzige Weise ist, mit dem Realen auf Augenhöhe zu leben – als »Philosoph«, wie es die Libertins oft wiederholen. Und das Mitgefühl, die Zärtlichkeit, das »›vorgebliche Band der Brüderlichkeit‹«, das die Menschen miteinander vereint? Von den Schwachen propagierte Lügen, erklärt Noirceuil. Die Forderungen nach Brüderlichkeit und Gleichheit sind auf ebenso nichtigen Vernünfteleien gegründet »›wie wenn das Lamm dem Wolf erklären würde: *Sie dürfen mich nicht auffressen, da ich, gleich Ihnen, vier Beine habe.*‹«

Wie man sieht, ist jede der beiden Denkweisen völlig stichhaltig – alles hängt in der Tat davon ab, welche Auffassung von der Natur man hat. Und wenn es stimmt, dass alles in der Natur liegt, dann sind die erschreckenden Triebe von de Sades Libertins da mit gleichem Recht zu finden wie die kristallklaren Gefühle, die die Liebenden aus der *Neuen Héloïse* einander entgegenbringen.

Nebenbei ist zu bemerken, dass am Ursprung dieser divergierenden Blickpunkte unterschiedliche Lebens- und Empfindensweisen stehen. Wenn Jean-Jacques Rousseau (der vernarrt ist in Botanik, gern in den Wäldern von Montmorency und den ländlichen Alpentälern spaziert, Seen und Wiesen liebt) das Wort »Natur« verwendet, denkt er spontan an die Farbe Grün, ans *Pflanzenreich*. Was den Marquis de Sade anbelangt, so liegen seine Ländereien im Süden, in Lacoste im Lubéron; anstelle dichtbelaubter Bäume ist er an trockene, sonnige, unerbittliche Landschaften gewöhnt, die von einer tragischen Atmosphäre durchweht werden. Für de Sade ist die Natur rot und golden, denn sie untersteht der Herrschaft des *Tierreichs* – sie ist eine Arena unter freiem Himmel, in der man sich gegenseitig zerfleischt.

Wie dem auch sei, der Graben zwischen romantischem Kuss und Kuss des Libertins, den die Literatur des 18. Jahrhunderts aufgerissen hat, ist noch immer nicht zugeschüttet worden. Wie soll man zwischen den beiden Tendenzen wählen? Als romantischer Kuss ist der Kuss ein Selbstzweck; er ist pazifistisch, bukolisch, rein, zuvorkommend. Als Kuss des Libertins ist der Kuss eine Zutat zur Lust; organisch, roh, umso besser, wenn der Mund sich auflehnt, sich beklagt oder Obszönitäten ausstößt.

Um sich von der Aktualität einer solchen Gegenüberstellung zu überzeugen, gibt es nichts Besseres, als *The Transformation of Intimacy* (*Wandel der Intimität*) zu lesen, einen Essay, den der britische Soziologe Anthony Giddens 1992 veröffentlicht hat. Er zeichnet dort ein ziemlich umfassendes Panorama der zeitgenössischen Sitten, das zeigt, wie die Individuen heutzutage zwischen inkompatiblen Verlangen hin- und hergerissen sind: Zwei Jahrhunderte nach der Aufklärung haben wir noch immer kein Mittel gefunden, um die Frische der Gefühle an die Hitze der Körper zu akklimatisieren.

Einerseits empfinden wir alle ein ernsthaftes Streben nach der *reinen Beziehung*. Unter Reinheit versteht Giddens hier nicht *Keuschheit*. Der Begriff bezeichnet eine Beziehung, »die man um ihrer selbst willen eingeht, oder genauer um dessentwillen, was ein Individuum von einer dauerhaften Verbindung mit einem anderen erhoffen kann, wobei dieses Bündnis nur insofern weitergeführt wird, als es nach dem Urteil beider Partner einem jeden von ihnen genügend Befriedigung verschafft, um jeweils in ihr verbleiben zu wollen«. So hält nunmehr in der westlichen Welt die Mehrheit der Paare weder aus Respekt vor der Institution der Heirat zusammen, noch deshalb, weil ihre Familien durch sie ein Bündnis eingegangen sind, und nicht einmal wegen der Kinder, sondern einzig, weil jeder diese Verbindung als vorteilhaft für sich selbst erachtet, weil er in sie *einwilligt*. Die reine Beziehung hat offenkundig einen Nachteil: Sie ist sehr fragil, und die Paare können sich beim ersten Anzeichen von Langeweile oder beim ersten Treuebruch entzweien. Gleichwohl ist diese Situation in der Geschichte noch nicht dagewesen: Man kann in ihr eine Art von Allgemeingut gewordenem Rousseauismus oder von demokratischer Romantik sehen.

Indessen ist die reine Beziehung nicht der einzige Charakterzug des zeitgenössischen Eros. Was wir nach Giddens Worten ebenfalls erlangt haben, ist eine *modellierbare Sexualität*. Zuvor war die Sexualität unterdrückt, gleichermaßen von der Moral (denn sie war als Sünde stigmatisiert), aus praktischen Gründen, die mit dem Zeugungsvorgang verknüpft waren (ohne Verhütung ging die Lustbeziehung mit der Furcht vor leiblichen Kindern einher, vor allem für die Frauen) und durch eine gewisse Unwissenheit (weil die Anatomie der Genitalien und die Mechanismen der Befriedigung tabuisiert waren). Die modellierbare Sexualität ist sozusagen »dezentrierte Sexualität, von den Zwängen der Reproduktion befreit«. Sie räumt dem Experimentieren einen großen Platz ein. Bis in die jüngste Zeit galten Oral- und Analverkehr nach allgemeinem Verständnis als Perversion; diese Praktiken sind heutzutage banal geworden. Ebenso die Homosexualität: Nach Giddens ist eine der spektakulärsten Entwicklungen der letzten Jahrzehnte, dass eine sehr große Zahl von Menschen im Laufe ihres Daseins mindestens eine homosexuelle Beziehung gehabt haben (laut dem berühmten, in den 50er Jahren veröffentlichten Kinsey-Report annähernd jeder fünfte Mann und jede zehnte Frau; diese Proportionen wären nach Giddens seither unaufhörlich weiter angestiegen). Da die modellierbare Sexualität eine starke Suchtwirkung hat, sind wir ständig auf der Suche nach neuen Partnern und ungekannten Empfindungen. Partnertausch, Sexfilme, Gadgets und Sexspielzeug, Saunas, S/M-Clubs, Prostitution, Sextourismus, Amateurpornographie, Kennenlernbörsen im Internet: Wir sehen, wie sich uns ein immer breiterer Fächer an Möglichkeiten öffnet, und die hedonistischen Massen entdecken Höhepunkte, die einst einigen auserwählten Kreisen von Libertins vorbehalten waren.

Auf einmal sieht sich jeder mehr oder weniger gezwungen, nach bloßem Augenschein zwischen den Extremen hin- und herzunavigieren: einerseits dem Bedürfnis nach einer exklusiven Liebe innerhalb des Paares; andererseits der Suche nach sexuell Neuem. Schwierig, sich für einen dieser beiden Pole zu entscheiden und auf den anderen zu verzichten. Ist unser Geschlechtsleben repetitiv und einfallslos, dann nehmen wir an, wir hätten uns die Vergnügen der Existenz entgehen lassen und beklagen uns, dass wir frustriert seien. Finden wir hingegen nicht die uns verwandte Seele, lernen wir nie die Liebe in einer festen Beziehung kennen, sondern nur Affären für einen Abend, dann überkommt uns ein heilloses Verlassenheitsgefühl und wir nennen unser Gefühlsleben gescheitert. Anders ausgedrückt wissen wir keine Wahl zu treffen zwischen Rousseau und de Sade.

Trösten wir uns trotzdem mit dem Gedanken, dass die von Voltaire in seinem *Dictionnaire philosophique* aufgelisteten Argumente gegen den Kuss nicht gegriffen haben. Der Kuss, Gewohnheit des Ancien Régime, ist nicht verschwunden. Wir Menschen des 21. Jahrhunderts wissen, dass Vernunft und Erotik sich keineswegs ausschließen, sondern sich im Gegenteil gut miteinander vertragen können, weil sie sich gegenseitig anstacheln.

Im Übrigen haben Diderot und d'Alembert auf Anhieb ebendiese Bündnisstrategie zwischen mathematischer Weltsicht und Sinnlichkeit gewählt, und ihre *Encyclopédie* gibt eine Definition des Kusses, die sich als wahres rhetorisches Schmuckstückchen präsentiert – und als fröhliches Gegengift zu Voltaires prüdem Artikel. In vorgeblich wissenschaftlicher Sprache liefern die Verfasser dem neugierigen Jugendlichen oder Studenten alle notwendigen Ratschläge, und noch weit mehr. Doch um das zu verstehen, muss man die doppelte Sprache vernehmen. Mögen Sie sich also an dieser Definition erfreuen, die sinniger ist, als es erscheint, da sie die tiefgründige Einheit von menschlicher Erkenntnis und menschlichem Verlangen verkündet:

> »KUSS: Begriff aus der Geometrie (Oskulation). Man sagt, zwei Kurven oder zwei Kurvenabschnitte küssen sich, wenn sie, während sie jeweils ihre konkave Krümmung zur gleichen Seite hin wenden, einander berühren; das heißt so, dass die konkave Krümmung der einen auf die konvexe Krümmung der anderen schaut; doch wenn eine ihre konkave Krümmung zur einen Seite, die andere zur anderen Seite hin wendet, oder, was aufs Gleiche hinauskommt, wenn die beiden konvexen Krümmungen sich anschauen,

sagt man einfach, dass die Kurven einander berühren. So unterscheiden sich Kusspunkt und Berührungspunkt.«

V. Wie Frost auf deinen Lippen

Er oder sie hat mich heute Morgen nicht geküsst … Oder war es gestern Abend? Er hat sich auf die Seite gedreht und ist ungeniert eingeschlafen … Er sieht durch mich hindurch … Sie stellt sich mir nicht mehr in den Weg, damit ich sie küsse … Sie weicht mir mit Bedacht aus, wenn wir uns um den Haushalt kümmern … Ihm geht anderes durch den Kopf. Er denkt nicht mehr an mich … Seit der Geburt des Kleinen haben wir keine Zeit mehr zum Schmusen. Er will mich nicht vor seinen Freunden küssen. Er schämt sich … Sie hat mich zu Weihnachten nach dem Verteilen der Geschenke nicht geküsst. Vor ihrem Vater kam das für sie nicht in Frage … Die Kluft wird breiter. Und Nichtgesagtes häufiger. Wir verstehen einander nicht mehr …

Es gibt kein besseres Barometer für den Zustand des Paares als den Kuss. Der Geschlechtsverkehr kann mit etwas Übung in passablem Rhythmus fortgesetzt werden, lange nachdem die anfängliche Leidenschaft erloschen ist. Um die Kraft der gefühlsmäßigen Bindung zwischen zwei Wesen zu ermessen, genügt es indessen, die Regelmäßigkeit, Dauer und Intensität ihrer Küsse zu beobachten.

Nichts ist auf Dauer destruktiver als das *Vergessen des Küssens*. Allerdings gehört das im Beziehungskrieg nicht zu jenen besonders schweren Geschützen, die einem als erstes einfallen. Sich eine(n) Geliebte(n) nehmen, sich gegenseitig Szenen machen, wegen Lappalien seine Launen am Anderen auslassen, immer häufiger wegbleiben – so sieht in seinen offenkundigsten Formen das schillernde und lärmende Arsenal der Ehekrise aus. Das Vergessen des Küssens aber ist ein tückischer Frost, der weitaus verheerender wirkt als die heftigen Paukenschläge. Still und leise nistet er sich ein. Die Zeitspannen zwischen den Küssen werden länger, die Lippen kommen sich nur noch beim Liebeszweikampf nahe, oder rein mechanisch beim Grüßen. Der Mund des Anderen hat für einen jeglichen Reiz eingebüßt. Der Kuss wird neutral, farblos, wie ein alter Kaugummi, der seinen Geschmack verloren hat. Was bedeutet das? Dass die Gefühle schwächer werden.

Hat man sich einmal in der trostlosen Ebene des Alltags eingerichtet, in der nicht mehr geküsst wird, ist es fast unmöglich, zurückzusteuern. Man kann sich dazu zwingen, Liebe zu machen, kann sich an diesen Ritus gebunden fühlen, sei es aus Konformismus, sei es, um sich der drängenden Forderung des anderen zu entledigen, sei es, um dem Ersuchen der Organe Ablenkung zu verschaffen. Doch niemand zwingt sich zum Küssen. Das ist keine Notwendigkeit, kein Gebot unseres Stoffwechsels, und Voluntarismus ist in diesem Bereich fast unmöglich. Man kann auch mit jemandem, für den man nichts mehr empfindet, Liebe machen und trotzdem Vergnügen daran finden. Ihn aber tagein tagaus langsam und sinnlich zu küssen wäre eine Qual.

Nach meiner Jugendzeit hatte ich meine erste große Geschichte mit einer Frau, die fast zwölf Jahre angedauert hat. Bis zum Bruch ein einziges Chaos. Während all dieser Jahre behielt ich meine Überzeugung, dass wir trotz unserer Zerwürfnisse unser Leben lang zusammenbleiben würden. Dass wir füreinander geschaffen waren. Ich machte mir etwas vor. Dabei hätte ich es mitbekommen können. Es war nicht schwer zu erraten, dass unsere Liebe nur eine Gnadenfrist hatte, und das schon von Anbeginn: Wir küssten uns fast gar nicht. Weder am Morgen, noch am Abend, wenn wir uns wiedersahen. Vielleicht vor dem Einschlafen auf dem Kopfkissen, doch ich erinnere mich nicht mehr. Wenn ich bedenke, dass ich so lange mit einer Frau unter einem Dach habe zusammenleben können, ohne mich an einen einzigen ihrer Küsse zu erinnern, habe ich den Eindruck, ich müsse völlig danebengelegen haben und in einem Schattentheater umhergeirrt sein.

Ohne Küsse war unser Alltag trocken und öde. Wir gerieten aneinander. Es kam zu Zusammenstößen – gleichsam psychische Fehlleistungen. Eine zu heftige Bewegung, um eine Schale in ein Regal zu räumen, ein brüskes Auftreten, eine achtlos aufgerissene Tür, und wir gingen aufeinander los. Küsse sind das Schmieröl für die Mechanik der wilden Ehe. Ohne sie klemmt und quietscht die Kette. Immer öfter verhakt sie sich. Psychologisch gesehen haben wir einander ununterbrochen mit derben Worten, absichtlichen Missverständnissen, nur notdürftig unter Gefühlsausbrüchen verborgenen Beleidigungen verletzt.

Manchmal hielt sie diese Härte, diese alltägliche Kälte, in der wir uns eingerichtet hatten, nicht mehr aus. Sie stellte sich mir in den Weg, hängte sich an meine Schultern, schloss die Augenlider mit den langen Wimpern und streckte ihre Lippen vor. So zusammengepresst glich ihr Mund dem Schnabel eines kleinen Vogels. Eines Sperlings. Meist trug sie einen Dutt, ein kleines, zerzaustes Knäuel Haare auf ihrem Spatzenschädel. Wenn ich daran zurückdenke, hatte ihre Art, sich mir an den Hals zu werfen, um einen Kuss zu erflehen, etwas Pathetisches. Ich gab nach, doch nie ohne ein ironisches Lächeln oder eine bittere Bemerkung. Ich verstand nicht, dass sie mit ihrer Selbstauslieferung im Grunde genommen versuchte, mir noch einmal eine Chance zu geben. Weil ich sie nicht ergriffen habe, wurde sie meiner überdrüssig. Schließlich hat sie sich in einen Anderen verknallt.

Die Moral daraus, geeignet für Eheratgeber und Frauenzeitschriften: Man täte besser daran, scharf auf das Verschwinden der Küsse zu achten. Es ist Vorbote von Schlimmerem.

Qui trop embrasse mal étreint.

Embrasser lässt sonst wohl zuerst an küssen denken, *étreindre* an einen Liebesumarmung, doch in dieser Redensart bedeutet beides einfach »ergreifen«. Anders gesagt: *Wer zu viel auf einmal will, steht am Ende leicht mit leeren Händen da.* Doch nehmen wir die erstgenannten Bedeutungen einmal beim Wort. Dann erweist sich die Umkehrung der Redensart ebenfalls als wahr: *Qui trop étreint mal embrasse.* Um es etwas unverblümt auszudrücken: *Wer zu viel küsst, ist schlecht im Bett – und wer zu rasch ins Bett will, küsst schlecht.* Und ich gebe zu, dass ich zu den Ungeduldigen gehöre, jenen eiligen Liebhabern, die dazu neigen, ihre Küsse hinzuschludern, um schneller zur nächsten Etappe überzugehen und gleich zur körperlichsten Sache zu kommen. In der kreativen Unordnung des ersten Mals wie in der konventionellen Ordnung der Paarbeziehung versuche ich, die ein wenig fade Minute, in der man sich küsst, aus der Welt zu schaffen, um eine *Wirkung des Bruches* zu erzielen. Ich gehe gern ohne Zwischenstufe von der Distanz, jener Habt-Acht-Haltung, die man in normalen Zeiten wahrt, zum sexuellen Handgemenge über. Deshalb gehörte ich, wie mir die meisten Frauen, die ich kannte, bestätigten, nie zu den guten Küssern. Ich bin allenfalls imstande, diese Aufgabe mit einer gewissen Beflissenheit, einem akzeptablen Gespür für das richtige Timing hinter mich zu bringen, aber mir liegt das nicht im Blut. Es ist nichts Instinktives. Ich bin kein *Jazzer* bei meinen Küssen, weder improvisiere ich sie, noch lasse ich ihnen freien Lauf. Ich begnüge mich damit, die Partitur, die man meinen Lippen vorgelegt hat, korrekt zu interpretieren.

Leider habe ich feststellen müssen, dass es im Allgemeinen die Halbexperten sind (und unter ihnen besonders die Jugendlichen, diese erst zur Hälfte fertigen Intelligenzbestien), die den Kuss verachten. Sie vermeinen, über der Herde zu stehen, und lehnen die Schmusereien als nichts Halbes und nichts Ganzes ab. *Menschliches, Allzumenschliches*: Unsere Schlauberger haben leichtes Spiel, im Kuss ein Zeugnis für Schwäche anzuprangern. In den Augen des Halbexperten ist die Menschheit eine eifrige Leserin von Kitschromanen. Ihm wird man nicht so leicht etwas vormachen. Er wird sich von den kleinen Verehrerinnen, den Plattitüden und sonstigen Finessen nicht einwickeln lassen. Die Halbexperten misstrauen den Lüsten, die nicht erklärbar sind; sie wollen verstehen, sezieren oder von der Lust überwältigt werden. Für den Intelligenten, der sich überlegen glaubt, ist der Kuss von keinerlei Bedeutung. Wenn man allerdings die Nase zu hoch trägt, sieht man die Blumen nicht mehr.

Wenn die Nachlässigkeit eine Paarbeziehung langsam unterhöhlt, dann gibt es keinen größeren Affront, keine größere Verletzung als das *Verweigern des Kusses*. Sie nähern sich, Sie strecken Ihre Lippen vor und betteln um die Liebkosung des Anderen, den Hafen seines Mundes, doch er wendet den Kopf ab. Im letzten Moment hält er Ihnen eine kalte Wange entgegen.

Doch Vorsicht, ich spreche nicht von den Situationen, in denen man *sich einen Korb holt*, in denen man, ohne die Lage recht geprüft zu haben, kläglich baden geht und einem siedend heiß klar wird, dass der andere keine Lust auf einen hat. Sicher, einen Korb zu bekommen ist unangenehm, doch das ist Teil des Spiels der Verführung. Was ungleich furchtbarer ist, sind die erflehten und verweigerten Küsse, wenn ein Paar in die Beziehungsendphase eingetreten ist. Ein Küsschen zu geben ist eine so kleine Sache … Doch es dem Anderen zu verweigern, ist eine solche Manifestation des Abscheus!

Ich verstand nicht, dass mir eine Frau nach so vielen Jahren der Intimität von einem Tag auf den anderen ihre Küsse vorenthält. Sie wollte gern mit mir schlafen. Sie hatte zwar einen Liebhaber, gut, doch sie hatte ihren Spaß daran, die Gesamtmenge von Sex in ihrem Leben zu erhöhen. Mich zu küssen war ihr hingegen körperlich zutiefst unmöglich. Ich konnte lange weinen, Reden halten, Gedichte, E-Mails oder SMS schreiben, die gesamte Palette des Bittgesuchs durchlaufen, vom lyrischen Stil bis zum Racheschwur, da war nichts zu machen. Ich will dir gern meinen Körper, meine Brüste, mein Geschlecht, meinen Hintern geben, aber dich zu küssen, nein, das kannst du nicht verlangen, das geht über meine Kräfte. Ich konnte es nicht fassen. Ich, der ich dem Kuss niemals Wert beigemessen hatte, erfuhr nun am eigenen Leib, was er wert war.

Diese Szenen waren in Wahrheit so schmerzlich, dass es mir noch heute schwerfällt, sie mir ins Gedächtnis zu rufen oder anderen davon zu berichten. Am häufigsten kam es im Lauf jener Wochen der Agonie unserer Liebe dann zur Krise, wenn wir Seite an Seite lagen. Ich versuchte, mich ihr zu nähern. Verstohlen rückte ich auf der Matratze näher, kroch heran in dem Wissen, dass das Unterfangen schwierig werden würde. Ohne Vorwarnung warf ich mich auf sie, packte sie bei den Schultern, zerquetschte sie fast, um sie daran zu hindern, die Flucht zu ergreifen. Sie aber hob das Kinn, machte sich steif und wehrte sich nach Kräften. Niemals, nicht einmal mit heftigstem Bemühen, sind meine Lippen bis zu ihren gelangt. Wenn nötig, verwies sie mich mit dem Zartgefühl eines Bereitschaftspolizisten in meine Schranken.

Nach dem Scheitern der Gewalt versuchte ich es mit Überredung. Daraus erwuchsen endlose und schmerzhafte Aussprachen. Wir verhedderten uns in Spitzfindigkeiten, die für die damals ablaufende emotionale Katastrophe ohne Belang waren. Trennung wäre das geringere Übel gewesen und hätte es uns erspart, bis zu manch lächerlichen Endpunkten zu gehen, doch wir konnten uns nicht dazu durchringen. Wir mussten den Kelch bis zur Neige leeren.

Manchmal versuchte ich sie zu küssen, während wir Sex hatten. In diesen Fällen drehte sie sich wortlos auf den Bauch. Ich hatte eine Grenze überschritten. Zuweilen überkam es mich auch und ich wollte auf der Straße meine Lippen auf ihre pressen, weil es in der Öffentlichkeit schwieriger ist, sich zu entziehen. Man zögert, einen Beziehungskrach vor aller Leute Augen zur Schau zu stellen. Unglücklicherweise fand sie noch immer Wege zu entwischen. Einmal hat sie sogar die Straßenseite gewechselt und zu schreien angefangen: »Hör auf, du machst mir Angst! Hau ab, ich habe genug von dir, ich will nichts mehr mit dir zu tun haben!« Sie hatte eine schrille Stimme, die Harpyie. Alle Gesichter waren auf mich gerichtet, beunruhigt, als würde ich gleich ein Verbrechen aus Leidenschaft begehen. Sie war es, die schrie, also war zwangsläufig ich der Mistkerl.

Wie gesagt, bis dahin war der Kuss für mich ein Akt, dem ich beinahe gleichgültig gegenüberstand. Ich brauchte lange, um zu verstehen, dass *die Abweisung des Anderen mit dem Mund beginnt*. Die Verklärung funktionierte nicht mehr. Für sie war mein Mund wieder ein speichelgetränktes Fleischloch geworden, alles in allem eine ziemlich ekelhafte Sache. Mich zu küssen wäre so gewesen, wie die Zahnbürste eines Typen zu benutzen, über den man nichts weiß, außer vielleicht, dass er kein Adonis ist. Würden Sie das tun ohne ein leichtes Gefühl von Übelkeit?

Wenn wir bei solchen Ideen sind: Es gibt eine Sorte Kuss, den zu geben ich mich nie getraut habe, der mich aber fatalerweise beeindruckt – der Hochzeitskuss. Seltsamer Brauch: Während ringsum alles nach Rathaus aussieht, muss man, nachdem der örtliche Standesbeamte die verstaubten Artikel aus Napoleons Zeiten zur Regelung der beiderseitigen Pflichten der Vermählten laut verlesen hat, zur Tat schreiten. In der Öffentlichkeit, das heißt unter den aufmerksamen Blicken von Familie, Kollegen, Freunden.

Theoretisch könnte eine Ehe ohne Kuss verkündet werden, sie hätte dieselbe rechtsverbindliche Wirkung. Und doch würde etwas fehlen. Wenn sich die Frischvermählten nicht küssen würden, wenn sich einer der beiden der Unterwerfung unter den Brauch verweigern würde, ob aus einer Laune oder aus Schüchternheit, wäre das so, als würde man seinem Partner mitten im Tanz ein Messer in den Rücken rammen. Es wird erwartet, dass die Lippen sich vereinen – als ob kein Übergangsritus etwas tauge, ginge er nicht mit konkreten Handlungen einher. Die Rede des Standesbeamten ist abstrakt, die Gefühle bleiben ungreifbar, die Eingeladenen sind verkleidet, alles an der Sache wirkt falsch außer vielleicht der Moment des Kusses. Welch kurioses Hereinbrechen des *Realen* mitten in einer sozialen Komödie! Die Hauptprotagonisten wissen das – die Liebenden, die, selbst wenn sie einander gut kennen, selbst wenn sie seit langem ein Fleisch geworden sind, in dieser Sekunde schwanken und zögern, merkwürdig unbeholfen und linkisch wie Debütanten auf ihrem ersten Ball. Denn irgendetwas an diesem Kuss ist unaushaltbar.

Es gibt jedoch eine mathematische Erklärung für ihn: Der Kuss ist der einzige Liebesakt, der zwingend eine binäre Struktur verlangt. Man muss zu zweit sein, um zu küssen. Die sexuelle Hingabe ist nicht so ausschließlich; man kann kombinieren, kann mit mehreren Partnern zugleich Vergnügen finden. In der Orgie bilden sich Ketten, summieren sich die Genitalkontakte. Technisch gesehen könnte ein Mann zwei Frauen zugleich küssen, man könnte auch zum Spaß Schauspieler filmen, die darin geübt sind, einen Kuss mit drei oder vier beteiligten Zungen zu tauschen – warum nicht? Doch so etwas ist nie zu sehen. Weil es keinen Sinn ergibt. Das Küssen erledigt man zu zweit, ebenso wie das Kindermachen. Diese Dinge haben die Besonderheit, nicht polygam zu sein, eine (zumindest momentane) Einschränkung der Teilnehmerzahl zu erfordern. In der Arithmetik könnte das so geschrieben werden: $1 + 1 = 1$. Die unmögliche Gleichung der Liebe.

Unter den Gästen der Zeremonie wird man zweifelsohne andere vom Gatten hingerissene Frauen finden, eine Schar von Exliebhabern und Geliebten, doch auf dem Podium, mit aufeinandergeschweißten Lippen, gibt es nur *sie zwei*, die eins ergeben. Die Liebe mag verstreut, verworren oder geteilt sein, küssen aber wird man nur eine Person auf einmal.

Seltsamer Kuss, dessen Gabe der Beginn einer Geschichte ist und dessen Verweigerung deren Ende.

VI. Die verborgene Seite des Sichtbaren

Machen wir nun einen Test. Denken Sie an Gustav Klimts berühmtes Gemälde *Der Kuss*, fertiggestellt im Jahr 1908, mit dem Paar, das sich vor einem mit Blattgold verzierten Hintergrund küsst. Kennen Sie es? Versuchen Sie, es sich bildlich vorzustellen … Sind Sie soweit?

Nun, die meisten von Ihnen werden sicherlich erstaunt sein zu erfahren, dass sich auf diesem Gemälde die Lippen der Liebenden nicht berühren. So sieht das Bild aus: Die Frau hält den Kopf nach hinten geneigt; ihr Körper ist lang und schmal, wie ein Stängel, der aus einem Blumenbeet emporragt; außerdem stecken ihr Veilchen und Margeriten im Haar. Der Mann, mit einem Efeukranz ums Haupt, legt seinen Stiernacken schräg und beugt sich über sie; er nimmt das Gesicht der Frau in seine kräftigen Hände; er pflückt buchstäblich das Blütenkronengesicht einer Blumen-Frau. Und sein Kuss landet unten auf ihrer rechten Wange. Nicht weit weg von ihrem Mund, gewiss – doch daneben. Klimt hat eher ein simples Küsschen als einen richtigen Kuss dargestellt.

Die Suggestionskraft des Gemäldes ist dennoch unwiderstehlich: Das Spiel der Stoffe, der Faltenwurf der Toga des Mannes, das enganliegende Kleid der Frau, die geneigte Haltung ihres Gesichts und die Selbstvergessenheit, mit der er sich diesem zuwendet, so nahe an der Ekstase, geben eine gewisse Konfusion hinzu oder lassen vielmehr die Silhouetten ununterscheidbar verschmelzen. Die Gewänder liegen so übereinander, dass man an eine Vereinigung denken kann.

Auf diese Weise gibt es das Gemälde von Klimt zweimal: einmal das wirklich gemalte, das sich im Schloss Belvedere in Wien befindet, und dann jenes, das die Mehrheit von uns im Gedächtnis bewahrt, das aber in Wahrheit das Werk unserer Imagination ist, auf dem sich die Figuren tatsächlich richtig küssen. Die Begabung des Malers liegt darin, dass er es verstanden hat, die Suggestion so weit zu treiben, dass die Vollendung seiner Intention dem Betrachter überlassen bleibt. Jedes Mal, wenn wir von Klimts Gemälde sprechen, jedes Mal, wenn wir die Erinnerung daran innerlich heraufbeschwören, zitieren wir also ohne es zu wissen unser eigenes Bild vom idealen Kuss herbei.

Klimts Ausweichmanöver erklärt sich zweifelsohne daraus, dass der Kuss auf den Mund kein dankbares Sujet für Maler ist – kein Vergleich zum Akt, der dem Künstler Gelegenheit bietet, seine Kenntnisse der Anatomie, seine Beherrschung der Perspektive oder seine Geschicklichkeit bei der Wiedergabe von Tönung und Textur der Haut zur Schau zu stellen. Aus der Sicht eines außenstehenden Beobachters ähnelt der Kuss stark einer *totalen Kopffinsternis*. Er verbirgt die Münder, die Wangen, die Blicke, die Physiognomien. Einer der Liebenden kehrt uns zwangsläufig den Rücken zu; und weder Kopfhaut noch Hinterschädel waren je ein wundervoller Anblick.

Das erklärt, warum der Kuss in der Kunstgeschichte stiefmütterlich behandelt wurde. Von allen Wonnen und Kombinationen der Liebe ist er eine der am wenigsten dargestellten. Mit einer Ausnahme vielleicht: Während eines ziemlich kurzen Zeitraums, vom Ende des 19. Jahrhunderts bis in die 1920er Jahre, gab es eine regelrechte Kussmode in der Malerei. Damals hat sich die Mehrheit der Künstler, ganz gleich, ob sie realistisch oder symbolistisch orientiert waren, ob sie der Gesellschaft einen Spiegel vorhalten oder ihre Traumwelt entfalten wollten, an diesem Thema versucht. Ein wenig willkürlich könnte man den Ausgangspunkt dieser Modewelle auf ein Werk des italienischen Romantikers Francesco Hayez zurückdatieren, *Il Bacio* (»Der Kuss«, 1859). Romantisch ist an diesem sehr klassisch aufgebauten Gemälde nur die Theatralität der inszenierten Gefühle: Ein fescher junger Mann in einem Umhang und mit einem Hut à la Robin Hood zieht den Kopf einer jungen Frau mit offenem Haar zu sich und küsst sie mit einer Gier, wie wenn ein Halbverdursteter seine Lippen an einen Flaschenhals setzt. Ihre Hüfte wird von einem Korsett zusammengeschnürt und ihr Rücken ist nach hinten gebeugt, in einer unwahrscheinlich wirkenden Verdrehung. Merkwürdigerweise hebt unser junger Mann aus gutem Hause, zu diesem Anlass als Abenteurer verkleidet, mit Jagdgewand und roten Strumpfhosen, das eine Bein. Mit angewinkeltem Knie windet es sich gelenkig und schlank um den Körper seiner Beute. Die sexuelle Anspielung ist eindeutig, doch ist sie für die gute Gesellschaft jener Zeit tolerierbar.

Dieser schön im Rahmen des Wohlanständigen bleibende Kitzel des Kusses lässt sich dann bei zahlreichen Künstlern wiederfinden, die damals von den bürgerlichen Sammlern umschwärmt worden sind. Der Engländer Sir Lawrence Alma-Tadema, spezialisiert auf manierierte und virtuose Rekonstruktionen der Antike und genialer Vorläufer der Sandalenfilme aus Hollywood, hat zum Beispiel eines seiner berühmtesten Werke mit *The Parting Kiss* (»Der Abschiedskuss«, 1882) gezeichnet. Man sieht darauf im Hintergrund das Kolosseum und im Vordergrund eine junge Frau, die einem kaum der Pubertät entwachsenen Kind einen keuschen Kuss auf die Stirn gibt; zwar noch pausbäckig wie ein Kleinkind, drücken dessen Augen bereits das Unglück des Verlusts aus. Welcher Natur ist die Bande zwischen den Figuren? Handelt es sich um mütterliche, schwesterliche oder Päderastenliebe? Ein Mysterium liegt über allem.

Der Pariser Maler Auguste Toulmouche, der während des Second Empire zu Ruhm kam, hat vielleicht nur ein einziges Bild signiert, dass der Nachwelt in Erinnerung geblieben ist, und zwar kein anderes als *Le Baiser* (»Der Kuss«, 1886). Man sieht darauf zwei verkleidete Komödianten (er als weiß kostümierter Pierrot mit einem kegelförmigen Hut auf dem Kopf, sie als Tänzerin), die einander über einen mit einer Champagnerflasche und einer Früchteschale beladenen Tisch hinweg küssen. Eine weitere Champagnerflasche wartet geduldig in einem Eiskübel auf dem Teppich. Sie scheinen beide einen Luftsprung gemacht zu haben, damit sich ihre Lippen berühren können, man weiß nicht so recht, ob sie sich lieben, ob sie spielen oder ob sie proben – vielleicht alles zugleich.

Gemeinsam haben die Gemälde aus jener Periode den demonstrativen Charakter der Küsse, die sie zur Schau stellen: Wenn die Gesichter der Liebenden aufgrund der Tatsache, dass sie sich küssen, auch großteils unsichtbar sind, wird dieses Manko durch die szenographische Übersteigerung, durch die prächtigen Kleider und die übertriebenen Gesten wettgemacht.

Warum hat sich in der Kunst am Ende des 19. Jahrhunderts eine solche Mode des Kusses durchgesetzt – in einem Ausmaß, dass eine Liste der in dieser Epoche angefertigten Malereien, ob Schinken oder Meisterwerke, die das Wort »Kuss« in ihrem Titel enthalten, schier endlos wäre?

Natürlich gibt es eine Erklärung auf historischer und soziologischer Ebene. Im 19. Jahrhundert wurde man Zeuge des Triumphes der bürgerlichen Lebensart, die von einer immer deutlicher betonten Trennung zwischen privatem und öffentlichem Raum geprägt war. Die bürgerliche Gesellschaft hat die Nacktheit und die Liebe in die vier Wände des Schlafzimmers verwiesen, wo das Paar allein ist, vor Blicken geschützt. Auch die Ausschweifung hat sich hinter Fensterläden und Vorhänge zurückgezogen. Die Orgien der Libertins im Jahrhundert zuvor konnten in Gärten, privaten Theatern oder öffentlichen Salons vonstattengehen; nunmehr überdauern diese Praktiken nur drinnen, des Nachts und hinter verschlossener Tür. Die Erotik sah sich eingesperrt in den Alkoven. Unter diesen Umständen ist der Kuss auf der Straße, im Restaurant, in einem Garten oder auf dem Ball eines der letzten Vergnügen, deren Zurschaustellung akzeptiert wird; er ist auch eine Art und Weise, sich den öffentlichen Raum wiederanzueignen. Sich draußen zu küssen bedeutet nicht nur, sich einige köstliche Freiheiten gegenüber dem Moralismus ringsum herauszunehmen, es heißt auch, dagegen aufzubegehren, dass im Anschluss an die Heraufkunft des ehelichen Schlafzimmers Liebe und Sexualität systematisch unter Quarantäne gestellt wurden.

Doch diese soziologische Lesart erklärt nicht alles, und es wäre schade, sich damit zu begnügen. Tatsächlich ist die Malerei in der zweiten Hälfte des 19. Jahrhunderts von einem zunehmenden Erschöpfungszustand der figürlichen Darstellung geprägt. Selbst konventionelle Stars wie Hayez, Alma-Tadema oder Toulmouche sind sensibel für diese Entwicklung; unaufhörlich suchen sie für die Wesen und Objekte, die sie malen, nach neuen Verrenkungen, zwingen ihnen bizarre Extravaganzen auf. Der Kuss – Spektakel zweier Figuren, die sich in ihrer Berührung gegenseitig aufheben – ist in diesem Zusammenhang ein Vorwand, um sich der Figuren zu entledigen und nach mehr Subtilität zu suchen. Gerade weil diese Geste die Münder und Blicke verschluckt, zieht sie die Aufmerksamkeit der Maler jener Zeit auf sich. Für sie, die letzten großen Meister des Figurativen vor dem Durchbruch der Avantgarden, stellt der Kuss eine allerletzte Herausforderung dar.

Ob Mode oder nicht – zwei Werke vom Ende des Jahrhunderts fallen deutlich aus der Masse heraus. Das erste mit dem Titel *Sommernacht in Studenterlunden* (1899) verdanken wir dem Norweger Edvard Munch, dem Schöpfer des berühmten Gemäldes *Der Schrei*. Mit der *Sommernacht* führt er uns in die breiten Alleen eines nächtlichen Parks. Es handelt sich um die Gärten von Studenterlunden in Oslo, doch könnten es ebenso gut eine jener staubigen Promenaden am unteren Ende der Champs-Élysées in Paris oder auch der St. James's Park in London sein – wir befinden uns in einer der gezähmten Grünanlagen, die wie Inseln im Herzen aller europäischen Hauptstädte anzutreffen sind. Der Himmel ist von einem ins Blasslila spielenden Dämmerungsblau. Das Gezweig der Bäume ist dunkel und verschwommen, doch dicht belaubt; es ist zweifelsohne Sommer oder Frühling. Munchs Geniestreich ist von verstörender Schlichtheit: In seiner Komposition hat er nicht *ein* küssendes Paar angeordnet, sondern *vier* von ihnen, die hier und da auf Bänken sitzen. Wo Klimt der Anekdote, dem platten Dekorum der Idylle das Feld überlässt, besitzt Munch, der in einen morbiden Alkoholismus getauchte ewige Einzelgänger, eine ganz besondere Verschrobenheit, einen Humor von bemerkenswerter Herbheit. Natürlich glaubt jedes dieser küssenden Paare, einzigartig auf der Welt zu sein und einen der Kulminationspunkte seiner Liebe zu erleben, doch wir – wir, die Gaffer – wissen, dass sie sich an der Wiederholung und der Imitation ergötzen, dass sie im reinsten Klischee baden. Die Flamme, die in jedem dieser Küsse brennt, hat nichts Einzigartiges, da es die Herdenwärme selbst ist. Was tun, wenn man Student ist und ein Mädchen nachts auf einen Spaziergang ausführt? Sie zu küssen ist kein Bravourstück, sondern die naheliegendste Art, den Hang der Menschheit hinabzusausen, dem Gesetz der Gattung zu folgen.

Einer ebenso überraschenden, doch umgekehrten Verschiebung hat sich Henri de Toulouse-Lautrec in seinen beiden *Le Baiser* (Der Kuss) und *Dans le lit, le baiser* (Im Bett: Der Kuss) getauften Gemälden von 1892 gewidmet. Auf ersterem sieht man, wie sich ein Paar auf der roten Überdecke eines Bettes küsst. Die Figuren haben sich nicht aus Müdigkeit hingelegt – es ist die Leidenschaft, die sie dorthin geworfen hat; außerdem liegen sie mit dem Kopf am Fußende. Die Laken sind nicht zerwühlt. Dieser Kuss ist der Eröffnungstusch zum Vorspiel, und man hat keinen Zweifel daran, dass eine hitzige Vereinigung folgen wird. *Dans le lit, le baiser* stellt den Ausgang dieser Geschichte dar, den Teil überspringend, in dem es eigentlich getrieben wird: Diesmal liegen die Protagonisten ganz nackt unter den Laken, aus denen ihre ermatteten Arme hervorschauen. Alles an ihnen beschwört die Mattigkeit, die Selbstverlorenheit, das Fehlen von Spannkraft im Anschluss an den Orgasmus herauf.

Le Baiser – das heißt die ersten Anfänge – ist hastig mit Bleistift und Kreide in Farben von Feuer und Glut hingeworfen. *Dans le lit ...* – kleine Episode der postkoitalen Zärtlichkeit – setzt hingegen auf eine weitaus weniger berauschende, mehr ätherische Farbpalette, die Laken und Fleisch samenweiß schimmern lässt.

Doch darin liegt nicht das Wesentliche. Der bedeutende Punkt, die von unserem Genius der Tanzlokale eingeführte Subversion ist von anderer Art und erschließt sich nicht auf den ersten Blick. Diese Gemälde zeigen *zwei Frauen*, die einander küssen. Da die eine ihr Haar tatsächlich kurzgeschnitten *à la garçonne* trägt, kann man Zweifel hegen, die sich erst zerstreuen, wenn das Auge länger verweilt.

Das also ist der Geniestreich von Toulouse-Lautrec: Ihm ist es gelungen, sich einer tolerierten und alles in allem banalen Geste, eines der seltenen von der bürgerlichen Gesellschaft gemeinhin zugelassenen Ereignisse des erotischen Lebens zu bemächtigen und daraus etwas Diabolisches und Unschickliches zu machen. In diesem Sinne widerspricht er Munch, dessen Gemälde im Kuss einen höchst bedauerlichen Konformismus anprangert. Toulouse-Lautrec erinnert uns daran, dass der Anblick des Kusses nur unter bestimmten Bedingungen toleriert wird, das heißt, wenn dieser sittsam, nicht zu lüstern und vor allem heterosexuell ist. Indem er ein lesbisches Paar in Szene setzt, beide in ein Bett steckt und mit unzähligen Details darauf verweist, dass die sexuelle Beziehung nicht fern ist, bewahrt der Maler sein Sujet vor dem Stereotyp und verleiht ihm die Kraft einer Beleidigung gegenüber der etablierten Ordnung.

Während und nach dem Ersten Weltkrieg werden die Darstellungen des Kusses immer seltener, bevor sie schlichtweg ganz aufgegeben werden. Die Surrealisten haben sich für das Thema interessiert und konnten es sogar für einige Zeit künstlich am Leben erhalten. André Breton hat es auf eine etwas pompöse Weise in seinen Prosaerzählungen gefeiert. Max Ernst hat es wenig überzeugend illustriert. Das Gemälde, das unterm Strich das Kapitel »Ästhetik des Knutschens« in unserer rasch abgehandelten Geschichte der modernen Kunst schließt, ist wahrscheinlich *Les Amants* (Die Liebenden, 1928) von René Magritte. Die Metapher kommt da ein wenig simpel und offensichtlich daher. Ein Mann in Schlips und Anzug küsst eine Frau in Bedienstetenkleid. Doch ein Laken bedeckt vollständig den Kopf eines jeden der beiden – wie wenn man Ledersofas mit weißen Tüchern abdeckt, damit sie nicht ramponiert werden oder einstauben. Die Laken symbolisieren die Blindheit der Liebe, die Schranke des Nichtkommunizierbaren, die jene trennt, die glauben, einander ganz hingegeben zu sein. Zudem hat der Künstler die Unmöglichkeit, die Gesichter seiner Figuren zu zeigen, sehr gewieft umgangen: Er hat daraus kurzerhand das Thema seines Gemäldes gemacht, indem er ihre Köpfe auf zwei Bündel Wäsche reduzierte.

Der Kuss ist wohl eine der letzten Zuckungen der figürlichen Malerei gewesen, und vielleicht hat er sogar zu ihrer Vergängnis beigetragen, indem er sie zur Karikatur oder zur Aporie hinüberzog. Die Liebe existiert nicht und die Lippen berühren sich nie, sagt uns Magritte. Mochte man sich auch küssen können, würde man sich deshalb doch nicht verstehen. Mochte man sich auch küssen und verstehen können, würde das doch nicht zu sehen sein. Auf der großen Bühne des Kusses in der Malerei sind *Les Amants* von Magritte Ende der 1920er Jahre gleichbedeutend mit dem letzten Vorhang.

VII. Die Blumen von Paris

Getrennt, doch zum Glück ohne eine Scheidung durchlitten zu haben, fand ich mich also an der Schwelle zu meinem dreißigsten Lebensjahr auf dem Schnäppchenmarkt wieder. Da ich dort keinesfalls ewig bleiben wollte, habe ich mich umgetan. Ich habe kräftig abgeschleppt. Ein Jahrzehnt war verflossen seit dem Ende meiner Studienzeit, ich hatte mich verändert, war reifer geworden, und die Mädchen auch. Inzwischen wusste jeder besser Bescheid über sich selbst, über seine Vorlieben wie über seine Grenzen. Für wilde Küsse, für das völlig grundlos Flattrige der Jugend war kein Platz mehr. Gelegenheiten wollten nicht mehr gestreift, sondern ergriffen werden.

Ich bemerkte, dass nunmehr alle einer sehr einfachen Regel folgten, die man so formulieren könnte: *Ein Kuss gilt als Blankovollmacht*. Sobald sich eine Frau erst küssen lässt, nicht nur *auf*, sondern *in* den Mund, folgt der Rest von allein, ist sie bereit, sich voll und ganz hinzugeben. Unter Jugendlichen dient der Kuss oft als Hinhaltemanöver, das es erlaubt, weitergehende Zärtlichkeiten noch ein paar Wochen oder Tage hinauszuzögern. Unter Erwachsenen ist das Gegenteil der Fall. Sobald er es geschafft hat, sie zu küssen, weiß der Verführer, dass er seine Beute am Haken hat. Freilich gibt es noch Missverständnisse, die nirgendwohin führen, freilich trifft man zuweilen auf Vamps, auf kleine Spielerinnen – doch die überlassen einem nicht ihre Zunge. Allenfalls werden sie Ihnen ein provozierendes Küsschen geben, mit spitzen Lippen, um Sie spüren zu lassen, dass diese Ihnen wie mit einem Reißverschluss verschlossen bleiben.

Unter diesen Bedingungen lastet ein neuer Ernst auf dem Kuss. Konsequenter und weniger spielerisch, erscheint er schließlich als das, was er ist: ein Einbruch. Die Barriere der Haut zu durchbrechen, sich in eine Öffnung hineinzudrängen heißt, in den Körper des Anderen einzudringen. Es heißt zu akzeptieren, dass die Grenzen der Identität porös werden. Gleich dem Schizophrenen, der die Hülle seines Körpers nicht mehr erkennt, der sich von Löchern durchsiebt und voller Hohlräume fühlt, muss der Erwachsene zum Küssen ein kurzes Aussetzen der Herrschaft über sich selbst, eine Aufsplitterung seiner Einheit akzeptieren. Ich habe nicht mehr Macht über alles: Ich werde überfallen, wir sind zu zweit in meinem Mund und ich weiß nicht, wer hier wen fressen wird … Es ist gut, mit diesen kurzzeitigen Ereignissen von Zentrumsverlust, von süßem Wahn zu spielen, freilich wohl dosiert; das befreit vom alltäglichen Gleichmaß. Der Kuss wirkt wie ein leichtes Psychopharmakon, das einem erlaubt, mit sich selbst Versteck zu spielen, ohne sich dabei zu verlieren.

Zum ersten Vollzug kam es meist auf der Straße. Es war also weder in der Sitzecke einer Bar noch in einem Restaurant und noch viel weniger im Kino, dass ich die *Sekunde der Öffnung* kommen fühlte, jenen so ungewissen und zugleich so präzisen Moment, in dem die Lippen mit denen des anderen zusammentreffen müssen. Für mich bestand ein geheimes Einvernehmen zwischen dem ersten Kuss und dem geschäftigen Treiben ringsum, mit dem vorbeigleitenden Strom der Scheinwerfer, dem Äugen der Passanten, dem Blinken der Ampeln, dem dumpfen Lärm der Metropole ... Wenn man sich von der Betriebsamkeit der Welt tragen lässt, sich auf sie einschwingt, fällt das Küssen leichter als in der steifen Stille einer Wohnung.

Vielleicht spielte mir die Atmosphäre von Paris in die Karten, vielleicht wäre es anderswo, in einer anderen Stadt, anders gelaufen. Ist Paris nicht die unangefochtene Hauptstadt des *French Kiss*? Ist das Foto des Liebespaares vor dem Hôtel de Ville von Robert Doisneau nicht um die Welt gegangen, ist es nicht so berühmt, dass man das Pariser Rathaus vor allem als Hintergrund für einen Kuss kennt?

In jenen Zeiten, als Paris als Stadt der Lüste weltweit wirklich eine Vorreiterrolle einnahm, bevor New York, Las Vegas, Tokyo, Bangkok oder Dubai ihr den Rang abliefen, als unser altes Herz von Frankreich bei der Lockerung der Sitten an vorderster Front stand, war der Kuss noch ein Gipfel des Gewagten. Sich auf offener Straße zu küssen, war eine ganz leichte Regelübertretung – eine Laune in Schwarzweiß, beliebt von den Anfängen der Varietétheater bis in die Nachkriegszeit. Man demonstrierte damit Lebenslust und Unabhängigkeit, die Lippen tanzten Foxtrott. Heutzutage ist die urbane Pornographie ungleich hitziger, aggressiver und kommerzieller. Straßenstrich, Peepshows, Salons für Thaimassage, spezialisierte Hammams, Sexsupermärkte, Darkrooms und Oben-ohne-Bars: Der Basar der Verruchtheiten Marke *cities of quartz* hat nicht mehr viel zu tun mit dem poetischen Realismus eines Doisneau.

Beim Wettlauf um den Exzess hat die französische Hauptstadt also unterwegs, irgendwo an der Schwelle der 50er Jahre, Halt gemacht und sich vom Kopf des Pelotons verabschiedet. Hier ist man bei den Gepflogenheiten von früher geblieben: In Paris laufen einem immer noch Hunderte von Liebespaaren über den Weg, die auf den Bürgersteigen herumknutschen, gleichsam als Gespenster der Vergangenheit. Studenten in Filzhosen, picklige Jugendliche, halbgelungene Louise-Brooks-Imitationen, Bürgersöhnchen mit Pomade im Haar, aus den dunklen Kinosälen entwichene Cineasten, bildungsbeflissene Schönheiten, kleine Reimewichser, falsche Bohemiens, Touristen aus aller Herren Länder – unzählige Nachahmer der Modelle von einst führen unter dem Anschein der Neuerung die Folklore in alle Ewigkeit fort.

Bei mir lief es zumeist so: Wir kommen aus einem Café. Du verlangsamst deinen Schritt. Wir wissen nicht, wohin wir als Nächstes gehen sollen, lassen uns lieber treiben. Du sagst nichts. Wir haben nicht einmal die Richtung zu einem Metroeingang eingeschlagen. Trotzdem wird das

Ziel unseres Umherstreunens nach hundert Metern klar und explizit. Du bist erheblich langsamer geworden, nun ist es an mir, stehen zu bleiben. Ich nehme dich bei der Hand oder bei der Schulter oder beim Ellbogen. Du drehst dich um neunzig Grad um die eigene Achse. Jetzt stehen wir uns gegenüber. Das pfirsichfarbene Licht der Straßenlaternen tönt deine bei solchen Drehbedingungen – Außenaufnahme, nachts – eher bleiche Haut. Die Haare um dein Gesicht schimmern wie Süßwasseralgen am Grund eines ungestümen Baches. Deine Nasenflügel beben, dir verschlägt es den Atem. Du weißt, dass ich dich küssen werde, deshalb weichst du zurück. Du flüchtest dich in den einfachen Reflex der Verweigerung: »Bist du dir sicher, was du da tust?«, fragst du und streckst dein spitzes Kinn vor. »Willst du das denn wirklich?« Du lässt eine Pause. »Werde ich dein Leben nicht noch komplizierter machen?« Oder auch: »Ich bin mir nicht mehr ganz sicher, ich weiß nicht recht, woran ich bin …« Der größtmögliche Fehler wäre, dir zu antworten, die Spannung durch Worte wieder abzuschwächen. Du musstest nur ein letztes Hindernis aufstellen, um der Situation die richtige Würze zu geben. Ich beuge mich über dich. Küsse dich. Obwohl wir reglos dastehen, gleicht die Stadt rings um uns einem Karussell, einem elektrischen Tohuwabohu. Und der Gedanke, dass die Passanten uns sehen und wir uns um ihr Urteil nicht scheren, tut gut. Sie sind Unzählige, doch wir sind die Einzigen, die sich gefunden haben. Die Fußgänger irren umher, orientierungslos. Sie sind freie Elektronen, die einer irrwitzigen Bahn folgen, während sich unsere Atome ineinander verhakt haben. Eine ganze Hauptstadt löst sich auf, zehn Millionen Menschen verschwinden, wenn sich unsere Augen schließen. Die Stadt, die uns in ihrem Rhythmus gewiegt und einander nähergebracht hat, rückt schließlich in weite Ferne. Der Kuss ist die Oase im Asphalt.

Psychologisches Gesetz des urbanen Dschungels: »Dich werde ich niemals wiedersehen.« Das ist es, was man jedes Mal denkt, wenn man jemandem über den Weg läuft – und was einen als Einziges diese viel zu zahlreichen Interaktionen ertragen lässt.

Doch wer ist *du*? In jenem Abschnitt meines Daseins, als ich gerade aus der beruhigenden Blase meines Daheims ausgespien und wieder auf ein Zölibat zurückgeworfen war, das mir wie eine Strafe vorkam, hattest du viele Gesichter. Du warst eine Ausländerin, neugierig darauf, deinen *French Lover* zu besuchen, eine Geschiedene, die sich nach dem Goldenen Zeitalter zurücksehnte, eine Studentin der Psychologie oder der Kommunikationswissenschaften, die darauf brannte, das eine oder andere dieser Studienfächer zu vertiefen, einerlei. Du hattest viele lächelnde Gesichter, viele Identitäten, doch nur eine einzige Rolle. Du warst die Adressatin meines Verlangens nach Liebe und Trost. Dein Mund schmeckte nach Nacht. Dein Haar duftete nach Träumen. Du warst aus dem unsteten Stoff, aus dem das Phantasma gemacht ist. Und auch ich war im Widerschein deiner Pupillen ein Gespenst, wehte hin und her wie eine weiße Flagge. Unsere Küsse waren nur mit einer sehr dünnen Realitätsschicht versehen.

Und dann hat, wie immer in Paris, irgendetwas am Himmel in einen anderen Farbton umschlagen müssen. Das Wetter hat sich unversehens eingetrübt. Ein gräulicher Schimmer ist auf die Blüten dieses zweiten Frühlings gefallen. Jedenfalls verging mir plötzlich alle Freude darüber, dass jeder Kuss in einen Geschlechtsakt überblendet werden kann. Ich hatte begriffen, dass die Bettgeschichten nirgendwohin führten. Ich konnte tun, was ich wollte, die Partnerzahl vervielfachen, nichts half: Ich war allein. Trügerisch glitzern die Spiegel der Lerchenfalle, die Paris für sensible Seelen bereithält.

Was tun? Wie sollte ich mich gegen das heillose Gefühl von Verlassenheit wappnen, das aus jeder neuen Begegnung hervorging? Und warum verwandelte sich das Instrument der Lust in einen Strick, einen Revolver? Ich glaube, ich empfand damals das Paradox der Großstadt. Gewiss sind Begegnungen in ihr leichter, gibt es scheinbar unendliche Möglichkeiten des Austauschs. Doch es ist, als wolle man aus Wasser eine Skulptur machen. Wozu sollte das gut sein? Küssen brachte mich nicht weiter als in ein zweifelhaftes Bett. Wenn der Tag anbrach, hatte das Abenteuer bereits einen ranzigen Nachgeschmack, haftete ihm ein Hauch von Entzauberung an. Wenn der Himmel über der Île-de-France trüb war, umso besser. War er ausnahmsweise blau, dann nur, weil er mich absichtlich verhöhnen wollte.

Ich verteilte Küsse, doch besänftigten sie in keiner Weise meine Erwartungshaltung. Eine dumpfe Angst kam auf. Sollte ich denn eine Ausnahme, ein *affektiver Krüppel* sein? War das die heillose Vereinsamung, die alle Singles zu erdulden hatten?

Mit der Zeit kam es zu einer merkwürdigen Umkehrung. Anstatt zu hoffen, dass mich die Küsse zwischen zwei Schenkel führen, wünschte ich mir im Gegenteil, dass nichts passieren möge. Bizarrerweise fand ich zunehmend Gefallen an einer ganz anderen Art von Küssen. Nicht mehr die trunkenen Schmusereien, von denen der Weg zur Bettgeschichte gesäumt ist, sondern im Gegenteil, Oberflächenküsse, wenn ich so sagen darf. Lippenberührungen, so oberflächlich wie die Beziehungen, die zufällig geknüpft wurden. Es gibt tatsächlich eine Geste, die, undenkbar in einem Dorf, nur von der Metropole begünstigt wird und auf der Stelle einen spezifischen Wert hat: Die Rede ist von den *sinnfreien Küssen*. Jene, die man im Taumel des Augenblicks austauscht, ohne ans Danach zu denken. Ich hätte niemals geglaubt, dass ich imstande sei, dieser Art von völlig unnützen Zärtlichkeitsbezeigungen nachzujagen, und doch kam der Tag, von dem an sie mir reizvoll erschienen. Oder, um aufrichtig zu sein, besser zu meiner eigenen Lage passend. Denn die urbane Lebensart eignet sich weder sonderlich zur bedingungslosen Selbsthingabe noch dazu, geheimen Herzschmerz miteinander zu teilen. Es gibt zu viele Passanten, zu viele Möglichkeiten. Das Höchstmaß an zwischenmenschlichem Kontakt, das man erreichen kann, beläuft sich im Allgemeinen auf ein bloßes Aneinanderrascheln von Stoff.

»Ich habe es satt. Mir ist langweilig. Ich möchte woanders sein, weit weg von hier, mit Leuten, die mir gefallen ...«

Vorgebracht wurde das in klagendem Ton im Hinterraum eines Cafés, in dem ein Literaturabend stattfand. Eine junge Frau, die Brüste in ein Herrenhemd gezwängt, das Haar zu einem losen Knoten hochgesteckt, dutzendweise Strähnen, die um ihr perfektes Kindsgesicht herum Aufruhr stifteten, kam zu mir, um sich zu beschweren. Sie hatte getrunken. Normalerweise ein Muster an Selbstbeherrschung, wankte sie jetzt auf ihren hochhackigen Sandaletten, deren Lederriemen sich wie Schlangen um ihre Waden aufwärts wanden. Am Grund ihres Glases, das sie mit spitzen Fingern hielt, schwappte bedenklich der Wein und drohte, uns zu bespritzen. Zur selben Zeit waren im Café, inmitten der chaotischen Menge aus Trinkern und Neugierigen, ihr Freund und etliche gemeinsame Bekannte ... Doch ihre Klage war nur an mich gerichtet, und ich glaubte, aus ihr ein anderes Begehren herauszuhören: »Ich möchte allein mit dir sein.« Mit der Sicherheit, die das Trinken verleiht, habe ich mich über sie gebeugt und ihr einen langen Kuss gegeben.

Und danach? Nichts danach. Wir haben uns angelächelt, beide überrumpelt. Weiterzugehen war in dieser

Umgebung unmöglich. War es überhaupt wünschenswert? Eine Fortsetzung hätte bedeutet, Intrigen zu spinnen, Bewacher abzuschütteln, geheime Treffen auszumachen, unser Beziehungsnetz bizarr zu verknoten. Besser war, es dabei zu belassen, bei diesem kurzen *Anbeißen* – und wir brauchten das einander nicht einmal zu sagen. Wir schauten uns schweigend an. Unser Kuss hatte die Würze der Gefahr gehabt, er hatte uns besänftigt. Schluss mit dem Uneindeutigen – wir gefielen einander und hatten es uns eingestanden. Wir waren gesättigt davon, einander gekostet zu haben, selbst wenn es nur für einige Sekunden war. Ihr schmaler, erstaunlich wenig sinnlicher Mund formte sich jetzt zu einem Lächeln gleich einem Strich. Ihre goldgrünen Augen hatten die Friedlichkeit stehender Gewässer angenommen. Es gibt eine bestimmte Nuance von Ruhe, die einzig grüne Augen zum Ausdruck bringen …

Sinnfreien Verbrechen gleich, die ohne Motiv begangen werden, ohne dass Leidenschaft oder die Verlockung des Geldes mit im Spiel wären, gibt es in der emotionalen Laufbahn der meisten eine Sammlung von Küssen, die von jedem Kontext losgelöst sind und folgenlos bleiben. Von einem unvorhergesehenen, fast unbewussten Trieb befehligt, ähneln sie Freudschen Versprechern. Das sinnfreie Verbrechen zahlt sich nicht aus; auch der sinnfreie Kuss ist Zweck seiner selbst. Er ist eine Anwandlung von Zärtlichkeit, ein der Logik der Existenz entrissener Moment. Später wird er kein Thema mehr sein. Man wird nicht wieder über ihn reden. Man wird sich weder verraten noch gebunden fühlen. Man wird nicht das geringste Schuldgefühl empfinden, und ebenso wenig, dass man jemandem etwas schuldig sei.

Was ist zwischen ihr und mir passiert? So herzlich wenig. Kaum ein leichter Verstoß gegen die Konvention der Gleichgültigkeit, die für gewöhnlich die sozialen Beziehungen bestimmt.

Der sinnfreie Kuss, losgelöst von allem, setzt in keiner Weise die sexuelle Identität aufs Spiel, was erklärt, dass er sowohl zwischen Männern und Frauen als auch nur zwischen Frauen oder nur zwischen Männern vorkommen kann. Die meisten Frauen haben schon eine andere Frau, die meisten Männer schon einen anderen Mann auf den Mund geküsst. Ohne weiterzugehen. Homosexualität? Eingeständnis einer universalen, durch die herrschende Moral gezügelten Ambivalenz? Nicht unbedingt. Denn diese Regungen gehören zum Register der Anwandlung, des Spleens, doch fangen sie einen nicht in einer Kategorie ein (im Gegensatz zum sinnfreien Verbrechen, das einen für immer zum Mörder macht).

Nehmen Sie Fußballfans, eine Eishockeymannschaft am Abend des Sieges, Rekruten auf Ausgang, die sich volllaufen lassen, Biker auf Tour: Dank Alkohol, Herdenwärme, viriler Partystimmung ist es durchaus vorstellbar, dass zwei von ihnen ihre Lippen aufeinanderlegen, dass sie sich unter dem Lachen und Buhen der Anderen abknutschen. Und weiter nichts. Nehmen Sie Mädchen beim Junggesellinnenabschied, oder auch wenn sie in die Disko gehen. Sie schwatzen oder tanzen, geraten in Rage, plötzlich gibt eine der anderen einen Kuss. Wie bei jenen Kinderspielen, bei denen man als Pfand Küsschen geben muss. Lippen werden aufeinandergedrückt, eins zwei fix, und unbeschadet geht man daraus hervor. Der sinnfreie Kuss verschafft einem Fieber ohne Krankheit.

VIII. Psychopathologie des Kusses

Sieht ein Männermund wie ein Frauenmund aus? Oder aber ist der Blick, den wir auf einen Mund werfen, ein anderer, je nachdem, ob er einem Mann oder einer Frau gehört?

Gewiss fällt der Kuss nicht in den Bereich des Neutrums, er ist kein Akt, der die Geschlechterdifferenz gänzlich verabschiedet. Außerdem gibt es bestimmte untrügliche Details. Bartstoppeln sprießen auf der Oberlippe des Mannes, die Lippen der Frau können geschminkt oder operativ verschönert sein. Was das Innere des Mundes angeht … Ich weiß nicht, wahrscheinlich erwartet man seitens der Frau ein höheres Niveau an Hygiene, einen frischeren Atem. Möglicherweise sieht man dem Mann Nikotinflecken und die dunklen Rückstände von Kaffee und Tannin auf Zahnschmelz oder Zahnfleisch eher nach. Diese schon beim Mann wenig attraktiven Details werden bei einer Frau als gravierender Makel beurteilt.

Aus physiognomischer Sicht sind die Münder hingegen völlig vergleichbar, wenn nicht gar identisch. Wir könnten das Geschlecht einer Person, die uns rasch durch ein Loch in einem schwarzen Vorhang hindurch einen Kuss gibt, nicht mit Sicherheit erkennen, wenn der

Rest ihres Gesichts und ihres Körpers für uns ganz ungreifbar bliebe. Sagen wir, dass der Kuss eine eher theoretische als konkrete, eine eher postulierte als wirklich wahrgenommene Geschlechterdifferenz ins Werk setzt.

Und trotzdem spüre ich seit Beginn des Schreibens eine Art Zögern oder muss vielmehr im Zuge der zusammengetragenen Überlegungen gegen ein hartnäckiges Vorurteil ankämpfen. Um es ganz pauschal zu sagen: Ich habe, entschuldigen Sie bitte die Ungeheuerlichkeit, trotz allem den Eindruck, dass der Kuss *Mädchenkram* ist. Dass es die Frauen sind, die verrückt nach ihm sind, die noch einen und noch einen haben wollen, bevor sie Liebe machen, die sich nie völlig hingeben, wenn sie nicht mit langen und zarten Küssen umgarnt worden sind, und die ihrem Gatten die Pflicht in Erinnerung rufen, sie zu küssen. Umgekehrt wären die Männer mehr um ihren Genitalapparat besorgt und weniger auf diese oralen Abschweifungen erpicht. Sollte also die Leidenschaft für den Kuss stärker geschlechtergeprägt sein als die Münder, die ihn geben?

Um dem Klischee zu entkommen, muss das Problem wahrscheinlich verlagert werden. Deshalb schlage ich vor, mein ursprüngliches Vorurteil, damit es weniger in den Verdacht der Misogynie gerät, aber auch an Sinn gewinnt, folgendermaßen neu zu formulieren: *Die Männer behandeln den Kuss im Allgemeinen als das, was sie selbst an Weiblichkeit in sich haben*. Für den Mann ist der Kuss etwas Feminines. Er ist eine Dimension, die vorhanden ist, mag sein, die man aber genauso gut ignorieren könnte. Es kommt selten vor, dass der Mann im Geschlechtsverkehr, vor allem in der Penetration, nicht eine Bestätigung seiner Mannhaftigkeit findet. Doch ebenso selten kommt es vor, dass er den in die Länge gezogenen Kuss nicht als ein Festgeleimtsein betrachtet, als einen Sturz in klebrige Nähe, eine Form von Kapitulation, in die man nicht zu sehr einwilligen darf. Aus Perspektive der Mannhaftigkeit ist der Kuss eine angenehme Betätigung, die jedoch in gewissen Schranken gehalten werden muss, ebenso wie es gilt, seine eigene Weiblichkeit im Zaum zu halten. Im Gegensatz dazu wird im Geschlechtsverkehr eine maximale Expansion angestrebt. Vorbehalt und Misstrauen auf der einen, Affirmation und Potenz auf der anderen Seite. Männern ist das Küssen peinlich; sie machen sich nie daran, ohne eine gewisse Scham überwinden zu müssen, was nebenher erklärt, dass sie so wenig darüber geschrieben haben – während der Koitus bei unseren männlichen Schriftstellern wahre Tintenströme freigesetzt hat.

Es ist verständlich, dass Frauen verrückt nach Männern sind, die gut küssen: Diese sind rare Perlen, die imstande sind, mit der Machoshow aufzuhören, die Waffen und den Zynismus, mit denen sie in den Krieg ziehen, abzulegen, die Frau, die in ihnen selbst steckt, behutsam zu behandeln.

Nebenbei gesagt erklärt das auch die Kraft der bereits erwähnten Gemälde von Toulouse-Lautrec, *Le Baiser* und *Dans le lit …*: Der Geniestreich des Malers besteht nicht darin, zwei Lesben beim Küssen gezeigt zu haben, sondern durch diese aufreizende Verbindung, diese Verdopplung in aller Klarheit die *frauliche Essenz des Kusses* gezeigt zu haben.

Wie würde ein Psychoanalytiker die vorstehenden Betrachtungen interpretieren? Zweifelsohne würden sie ihn zum Lächeln bringen, doch was würde er darüber denken?

Man mag bedauern, dass die psychoanalytische Literatur über die Praktik des Kusses im Großen und Ganzen recht stumm geblieben ist. Textpassagen, die diesem Thema gewidmet sind, sind sehr überschaubar. Die Frage wurde seit den Gründungstexten anscheinend mehr oder weniger ruhen gelassen; sie ist nicht wirklich mehr erkundet worden, nachdem Sigmund Freud in seinen 1905 veröffentlichten *Drei Abhandlungen zur Sexualtheorie* etwas Licht in sie gebracht hatte.

In diesem bahnbrechenden Werk leitet Freud den Kuss beim Erwachsenen aus der allerersten Form des erotischen Lebens beim Kind her; er betrachtet ihn also als Überbleibsel der zu Beginn des Daseins empfundenen Wollust beim Gestilltwerden an der mütterlichen Brust. »Das Ludeln oder Lutschen, das schon beim Säugling auftritt und bis in die Jahre der Reife fortgesetzt werden oder sich durchs ganze Leben erhalten kann, besteht in einer rhythmisch wiederholten saugenden Berührung mit dem Munde (den Lippen), wobei der Zweck der Nahrungsaufnahme ausgeschlossen ist.« Freud geht so weit, im Saugen die Entsprechung zu einem vom Orgasmus gekrönten »Sexualakt« zu sehen: »Das Wonnesaugen ist mit voller Aufzehrung der Aufmerksamkeit verbunden, führt entweder zum Einschlafen oder selbst zu einer motorischen Reaktion in einer Art Orgasmus.« Die Freudsche Beschreibung wird hier erstaunlich sanft und lyrisch, in scharfem Kontrast zu der sonstigen klinischen Kälte der *Drei Abhandlungen*: »Wer ein Kind gesättigt von der Brust zurücksinken sieht, mit geröteten Wangen und seligem Lächeln in Schlaf verfallen, der wird sich sagen müssen, dass dieses Bild auch für den Ausdruck der sexuellen Befriedigung im späteren Leben maßgebend bleibt.«

Nur leider, teilt Freud uns mit, haben alle guten Dinge ein Ende, und das Zahnen beim Kind, das das Stillen immer schmerzhafter und schließlich nahezu unmöglich macht, wird zum Abstillen führen. Das kleine Menschlein wird dann versucht sein, die ihm entzogene Befriedigung mit anderen Mitteln wiederzuerlangen, zum Beispiel, indem es an seinem Daumen, einem anderen Finger oder überhaupt irgendeinem Teil seiner Haut lutscht – doch werden ihm diese Auswege deutlich weniger Lust verschaffen als das Gestilltwerden. »›Schade, dass ich mich nicht küssen kann‹, möchte man ihm unterlegen.« Später werden »die Lippen einer anderen Person« als ein Ersatzobjekt auftauchen, das imstande ist, eine fast so große Befriedigung zu verschaffen wie die Brust. Sie erlauben die Kompensation des Handicaps, das dem oralen Autoerotismus innewohnt – Daumenlutschen hat noch nie irgendjemandem einen Orgasmus verschafft.

Merken wir noch an, dass der Kuss des Erwachsenen in Freuds Sinn eine *Perversion* ist: Die *Drei Abhandlungen* definieren in der Tat jede Fixierung auf ein Sexualziel, das nicht der bis zu Ende geführte Koitus zwischen Mann und Frau ist, als *pervers*. Freud ist allerdings mit dem Kuss weniger streng als mit der Fellatio oder dem Cunnilingus. Von allen Praktiken, die aus der oralen Phase der kindlichen Sexualität hervorgehen, ist der Kuss in seinen Augen noch die akzeptabelste.

In seinem *Versuch einer Genitaltheorie* (1924) entwickelt Sándor Ferenczi Konzeptionen, die denen Freuds recht ähnlich sind, allerdings in deutlich weniger normativen Termini vorgetragen werden.

Nach Ferenczi müssen wir froh sein darüber, bis zur Ejakulation gehen zu können, anders gesagt bis zur »Explosion der im Genitale angehäuften Triebenergiemengen«. Der Penis spielt die Rolle des Ventils auf dem Deckel eines Schnellkochtopfs: Er dient dazu, den Druck zu verringern, wenn dieser unerträglich wird. Die Natur hat die Dinge gut eingerichtet, da sie uns gestattet, »die Sexualerregungen [...] in einem eigenen Behälter aufzustapeln, aus dem sie periodisch abgeführt werden«. Woraufhin das erstaunliche psychopathologische Tableau dessen gezeichnet wird, was mit uns geschehen würde, wenn wir kein auf die Lust spezialisiertes Organ hätten:

»Gäbe es eine solche Sonderung der Lustbetätigungen nicht, so versenkte sich das Auge in erotisches Schauen, der Mund betätigte sich immerzu als oralerotisches Werkzeug, anstatt sich in den Dienst nützlicher Erhaltungstätigkeiten zu stellen; auch die Haut wäre nicht die Schutzhülle, deren Empfindlichkeit uns vor Gefahren warnt, sondern nur die Stätte erotischer Gefühle; die Muskulatur wäre nicht das ausführende Werkzeug zweckmäßiger Willensbetätigung, sondern diente nur der Abfuhr sadistischer oder sonstiger lustvoller motorischer Entladungen, usw.« Ohne Orgasmus würden sich die Menschen folglich Vorlustbetätigungen hingeben, bis dass der Tod sie ereilte.

Doch Ferenczis Beitrag zur Theorie des Kusses ist anderswo angesiedelt: Seine Originalität besteht darin, die Freudsche Intuition, derzufolge das Saugen dem Säugling in der ersten Phase des erotischen Lebens eine intensive Lust verschafft, noch weiter zu radikalisieren. Für Ferenczi lässt sich tatsächlich auf jeder Etappe der Entwicklung der Sexualität eine Entsprechung des Koitus wiederfinden. Diese Sicht der Dinge führt den ungarischen Psychoanalytiker dazu, eine zumindest gewagte Hypothese aufzustellen: Folgt man seinen Ausführungen, so sind die Zähne, die irgendwann durch das Zahnfleisch des Neugeborenen stoßen, »Werkzeuge, mit deren Hilfe sich das Kind in den Mutterleib einbohren möchte«, das heißt, dass sie dieselbe Funktion haben wie der Penis in der Paarung der Erwachsenen. »Nach unserer Auffassung ist also der Zahn eigentlich ein Urpenis, auf dessen libidinöse Rolle aber das entwöhnte Kind verzichten lernen muss. Nicht der Zahn ist demnach das Symbol des Penis, sondern, paradox gesprochen, der sich später entwickelnde Penis das Symbol des ursprünglicheren Bohrwerkzeugs, des Zahnes.«

So skurril diese Überlegung auf den ersten Blick auch erscheint, so gebührt ihr zumindest das Verdienst, verständlich zu machen, dass das Säugen des Babys nicht nur, wie Freud es anscheinend annimmt, ein wunderbarer Moment der Zärtlichkeit ist. Beim Stillen inbegriffen sind ebenfalls Schattenzonen, flüchtiges Aufblitzen von Grausamkeit und Schmerz. Auch kommt den Zähnen nicht einzig und allein eine ans Kauen gebundene Rolle zu; sie stellen auch unser erstes Mittel zur Destruktion der Objekte der Außenwelt dar (noch lange bevor wir zu einer wie auch immer gearteten Konstruktion imstande sind). Durch sie machen wir zum ersten Mal die Erfahrung unserer Aggressivität und des Schmerzes, den wir anderen zufügen können – in anscheinend perfekter Symmetrie zu der Lust, die das Saugen hervorruft.

Auch bei seiner Hinterfragung der sexuellen Aktivität beim Menschen, die ja weitgehend unabhängig vom Zeugungsvorgang ist, bringt Ferenczi eine unerwartete Erklärung vor: In seinen Augen macht der Erwachsene Liebe, weil er »in den Mutterleib zurückzukehren« will. Im Fall des Mannes erscheint eine solche Behauptung halbwegs vertretbar – tatsächlich empfindet dieser während der Penetration Gefühle von intrauteriner Feuchtigkeit, Wärme und Umhülltheit, die er womöglich bereits registriert hat, als er noch in der Gebärmutter weilte. Auf die Frau bezogen ist das Argument allerdings deutlich weniger überzeugend, und Ferenczi als guter Verlierer räumt das auch ein: Im Geschlechtsakt, führt er aus, scheint sich auf individueller Ebene die Kampfphase der Geschlechter zu wiederholen, »in der die Frau den kürzeren zog, da sie ja das Vorrecht, wirklich in den Mutterleib einzudringen, dem Manne überließ, sich selbst aber mit phantasiemäßigen Ersatzprodukten [...] begnügte.« Welchen? Während des Geschlechtsaktes steht es, wie er ohne Arg hinzufügt, der Frau frei zu *erdulden*, den Mann alles mit sich machen zu lassen. Das ist der Preis, um den sie zumindest in der Phantasie die fetale Passivität wiederfinden kann, die Wonne, dem Körper eines Anderen unterworfen zu sein, dessen Kraft einen selbst weit übersteigt.

Welche Vorbehalte solche Überlegungen heutzutage auch unweigerlich auf den Plan rufen, so lehren sie uns doch vielleicht, was an der Essenz des Kusses *fraulich* ist. Aus männlicher Sicht ist Küssen in der Tat ein Akt, der nicht ohne einen gewissen Taumel, ein Risiko gar einhergeht: Der Kuss verbindet einen wieder mit der Brust, folglich mit der Mutter. Der Kuss verweist auf sehr süße und sehr frühe Sinnesempfindungen, auf einen neonatalen Zustand aus Unterwerfung und Gefügigkeit gegenüber der mütterlichen Allmacht. Deshalb werden sich die Männer im Erwachsenenalter halb zu dieser Praktik hingezogen fühlen, halb werden sie ihr mit Misstrauen begegnen: Eingedenk dessen, dass beim Küssen der Gebrauch seiner Zähne annähernd ausgeschlossen ist und die Karriere eines Don Juan ruiniert wäre, würde er wild in die Lippen seiner Eroberung beißen, bleibt dem Mann nichts weiter übrig, als darauf zu verzichten, im Kuss einen Vorteil aus seinem Protopenis zu ziehen; er ist zurückgeworfen auf seine ursprüngliche Verwundbarkeit vor der MUTTER. Deshalb drängt ihn der Kuss unweigerlich in die Defensive. Wenn ich dieses Neugeborene bin, das sich brav stillen lässt, wie soll ich dann im nächsten Augenblick der phallustragende Triumphator werden und als Sieger vom Feld gehen? Küssen heißt, sich auf abschüssiges Gelände zu wagen, auf die Gefahr hin, Zeuge zu werden, wie die eigene Männlichkeit dort ins Straucheln gerät.

Für die Frau verhält es sich ganz offensichtlich umgekehrt: Sie findet im Kuss eine morphologisch egalitäre Praktik, muss dabei nicht die Gewalt der genitalen Penetration ertragen und kann leicht die Rolle der Initiatorin und Führenden spielen. Sándor Ferenczi behauptete, dass der Geschlechtsakt den Geschlechterkampf, der in der gesamten Gesellschaft gegenwärtig ist, in intimem Maßstab reproduziere – aus einer solchen Perspektive hat der Kuss den Vorteil, ein Sondergebiet zu sein, eine Front, an der die bevorzugte Strategie der Frau Angriff ist und die des Mannes Flucht.

Unglücklicherweise hat die psychoanalytische Literatur, nachdem die ersten Intuitionen Freuds und Ferenczis Vergangenheit waren, das Thema des Kusses kaum vertieft. Und das hat seinen Grund: Durch den Impuls der Arbeiten von Anna Freud oder Melanie Klein ist die kindliche Sexualität ein eigener Untersuchungsgegenstand geworden und die Beschreibung der oralen Phase eine Angelegenheit für Spezialisten des Kleinkindalters, ein Thema, über das man seine Abhandlungen nur noch mit unzähligen Absicherungen sowohl auf theoretischer als auch auf klinischer Ebene verfasst hat. Sich kurzerhand zu kühnen Kurzschlüssen zwischen den Trieben des Säuglings und der Jagd des Erwachsenen nach Küssen zu versteigen, kam nicht mehr in Frage ...

Einer der ganz wenigen Psychoanalytiker, die sich wirklich für die Sache interessiert haben, ist der Brite Adam Phillips, der im Herbst 1987 unter dem Titel »*Plotting for kisses*« einen anregenden Artikel hierzu veröffentlicht hat. Insbesondere insistiert Phillips darauf, dass man beim Küssen nicht sprechen kann, beim Kuss also das Orale im erotischen Sinn dem Oralen im linguistischen Sinn den Weg versperrt. »Stile des Küssens kann man zwar sehen, aber es fällt schwer, sie zu beschreiben. Es scheint, als widersetze sich das Küssen einer sprachlichen Darstellung. Überraschenderweise gibt es fürs Küssen (verglichen mit anderen Formen von Sexualität) nur wenige Synonyme.«

Aus der von Phillips unterbreiteten zugleich intimistischen und sensiblen Sicht besitzt ein jeder eine sehr persönliche Art zu küssen, denn der Kuss verweist auf ein früheres und zwangsläufig singuläres Erlebtes. »Unter psychoanalytischen Gesichtspunkten offenbart jeder Kuss etwas über die persönliche Lebensgeschichte des Küssenden. Denn wie eine Person küsst und wie sie am liebsten geküsst wird, lässt in verdichteter Form etwas von ihrem Charakter deutlich werden.« Während des Kusses steigt etwas Frühkindliches wieder herauf und erblüht, weshalb es uns weder gelingt, diese Erfahrung zu erzählen, noch sie verbal adäquat zu erfassen. In der Zeit unserer ersten, unserer intensivsten Gefühle besaßen wir noch kein Sprachvermögen, wurden aber von einer aberwitzigen Lawine an Empfindungen überrollt. Die Vielfalt der Stile des Küssens hinge also mit der Vielfalt der kindlichen Erlebniswelten zusammen. Jeder hatte seine orale Phase, in die in verschiedenem Maße Ambivalenz, Kannibalismus, Sanftheit, Genuss, Frustration, Liebe, Mangel, Erregtheit oder Schweigen, Gabe oder Zurückweisung Eingang fanden. Ebendiese Nuancen sind es, die später den Charakter unserer Küsse bestimmen würden.

Indem er das Freudsche Schema wiederaufnimmt, führt Phillips weiter aus, dass die Sexualität einem Wegverlauf ähnele. Zu Beginn sei die Befriedigung total, da die mütterliche Brust zugleich Nahrung und Lust verschaffe. Am Ende der oralen Phase komme es fast zwangsläufig zu einer ersten Aufspaltung: Das Gestilltwerden werde um seiner selbst willen angestrebt, unabhängig von der Nahrungsaufnahme. Nach dem Abstillen hat das Kind keinen Zugang mehr zur Brust; es lutscht an seinem Daumen oder an anderen Teilen seines Körpers. Doch nun fehlt die ursprüngliche umfassende Zufriedenheit, und die sexuelle Suche des Erwachsenen ist für immer vom Mal des Unbefriedigtseins gezeichnet. Darum gliche das sexuell Erlebte ebenso einer Folge von Lustbefriedigungen wie einer Anhäufung von Enttäuschungen. So sei, erklärt uns Phillips, die psychologische Entwicklung eines Individuums eine Art der »Häufung von Traumen«. Was uns Adam Phillips lehrt, ist zugleich weise und geprägt von Resignation: Er möchte uns mit der Tatsache versöhnen, dass wir niemals unsere Verlangen gänzlich erfüllt sehen werden und es – vielleicht gerade: weil es – unmöglich ist, den eigenen Mund zu küssen.

Selbst wenn die Psychoanalyse aus dem Kuss nicht wirklich ein zentrales Thema ihres theoretischen Unterfangens gemacht hat, so hat schlussendlich die Freudsche Revolution diese Erfahrung trotzdem mit einem neuen philosophischen Hintergrund, einer neuen *Tiefgründigkeit* versehen. Sie hat tatsächlich das Heraufkommen eines dritten metaphysischen Zeitalters des Kusses ermöglicht.

Wie wir gesehen haben, waren für die Gelehrten der Renaissance sowohl die Seele als auch die kosmische Harmonie bei der Vereinigung der Lippen involviert. Für die Philosophen der Aufklärung ist der Kuss zum Ausdruck der Leidenschaften geworden, mit denen die Natur uns ausgestattet hat. Mit Freud und seinen Nachfolgern bildet nun weder die Metaphysik der Seele noch die der Natur den Hintergrund für diese Erfahrung, sondern die Oralität. Als Schlüssel zur Lust, die die Liebenden beim Küssen empfinden, wird von nun an die orale Phase begriffen.

So wie Plotins Neuplatonismus oder auch Rousseaus Träumerei über den »guten Wilden« hat auch diese orale Phase ganz offensichtlich eine mythologische Dimension: Der Leib der MUTTER wird von der psychoanalytischen Literatur als eine Art Ozean beschrieben, in dem sowohl die mystischen Anwandlungen des Erwachsenen als auch sein Suchen nach Lust ihre Quelle haben. Die pseudomedizinischen Ausführungen über das Zirkulieren der Lebensgeister im Blut haben die Psychoanalytiker durch mehr oder weniger rationale Überlegungen über das intrauterine Leben und über die Rolle des Wassers und der Milch in der Anfangszeit des Seelenlebens ersetzt. Bei Plotin nehmen Seelen damit ihren Anfang, dass sie sich aus ihrer ersten Einheit mit dem göttlichen INTELLEKT losmachen – ebenso, wie für Freud das Subjekt seine Autonomie erringt, indem es sich schrittweise von der MUTTER löst. Vom psychoanalytischen Standpunkt her wird das Subjekt seine Beziehung zum Raum und zur Welt letztlich von einem natürlichen Objekt aus organisieren – der Brust; eine solche Sicht der Dinge ist stimmig zu der von einem Rousseau oder einem de Sade so geschätzten Idee eines Primats der Natur über die Kultur.

In allen Fällen bezieht die Erfahrung des Kusses ihren wahren Sinn aus einem metaphysischen Hintergrund. Ob es sich dabei um die Einrichtung des Kosmos, der Naturgesetze oder auch unserer eigenen frühesten Vergangenheit handelt, kommt mehr oder weniger aufs Gleiche heraus. Wesentlich ist, dass die Gründe dafür, warum wir küssen, und die Art, wie wir es tun, außerhalb unserer Reichweite liegen und sich jeglicher Beherrschbarkeit entziehen.

IX. Kindereien

Ich erinnere mich an Anne-Cécile. Sie war kurz geraten, pummelig, trotz ihres jugendlichen Alters massig, nicht gerade anmutig. Ihre Hände steckten in einem Speckwülstchen wie in einem Muff. Ihre Stirn verdeckte ein Pony, der mit der Schere, schnipp, schnapp, kurz über ihren Augenbrauen zu einer schnurgeraden Linie zurechtgeschnitten war. Sie hatte kohlrabenschwarzes Haar. Die große Stärke ihres Gesichts lag zweifelsohne in ihren Augen, zwei riesigen, braunen Murmeln, offen und ausdruckslos wie bei manchen Tieren. Anne-Cécile war vier Jahre alt, so wie ich damals.

Sie war das erste Mädchen, das ich geküsst habe. Halb, um die Erwachsenen nachzuahmen, halb, weil wir uns spontan voneinander angezogen fühlten, haben wir uns Küsschen auf den Mund gegeben, unter dem Vordach auf dem Hof unserer Vorschule. Wir haben das übrigens nicht oft getan, die Gelegenheiten würden sich an einer Hand abzählen lassen. Sie trug eine wollene Kapuzenmütze, ich auch, das muss damals Mode gewesen sein, und wir trugen Fausthandschuhe. Ihre Nasenspitze war leicht gerötet, und ihre Lippen kamen mir so vor, als hätten sie keinen Geschmack. Bestimmt habe ich sie nicht lange genug geschmeckt; das Maximum an erotischer

Grenzübertretung, zu dem wir fähig waren, war eine schlichte Berührung, und das war schon nicht schlecht.

Im Nebel der Zeit glaube ich auch komplexe Beziehungsgeflechte auszumachen, die sich zwischen Julien (dem Rohling, Staatsfeind Nr. 1), Mathieu (seinem Adjutanten, einem grinsenden Trottel), Anne-Cécile und mir entsponnen hatten. Eines Wintertages hatte ich einige Perlen aus einer Kette mitgebracht, die mir meine Mutter zum Spielen geborgt hatte. Während der Frühstückspause hatte ich diesen Schatz aus meiner Tasche geholt. Lange bestaunte ich die in Messing eingefassten farbigen Glaskugeln. Julien hatte den Schatz erspäht, ihn mir aus den Händen gerissen, und noch bevor es mir gelang, ihn einzufangen, hatte er die geliebten mütterlichen Kleinode schnurstracks in ein Gullyloch geworfen. Ich begann zu weinen. Anne-Cécile, die mir gefiel und die ich bereits *meine Liebste* nannte, hatte meinen Kummer bemerkt. Um mich zu trösten, gab sie mir ein Küsschen. Mathieu fing an zu plärren: »Alexandre und Anne-Cécile küssen sich auf den Mund! Bäh! Bäh! Ist das eklig …« Er war über den ganzen Hof auf- und abgehüpft, um die Neuigkeit zu verbreiten, und danach weiß ich nicht mehr genau, was passiert ist, ich glaube, dass Julien Anne-Cécile ins Gesicht geboxt hat, aus Eifersucht oder aus Rache.

Mit einem allzu raschen Sprung hatte ich diese Untersuchung zum Kuss in der Pubertät beginnen lassen. Über die allerersten Versuche, jene aufflammenden Leidenschaften auf dem Pausenhof, war ich etwas vorschnell hinweggegangen. Dennoch haben sie ihre Bedeutung, jene Andeutungen von Küssen, die einem sozusagen den Mund wässrig gemacht haben. Das war eine ernste Sache mit Anne-Cécile. Als ich sie küsste, hatte ich den Eindruck, ihr einen Teil meiner selbst zu geben, und dass sie im Gegenzug mir einen Teil ihrer selbst hergab. Was das war? *Vertrauen in die Zukunft*. In meiner Vorstellung von damals war es offensichtlich und klar, dass Anne-Cécile und ich unser Leben zusammen verbringen würden. Vor uns lag eine unberechenbare, ewige Summe von Jahren. Was wir in einem Zustand der Sorglosigkeit, zu dem Erwachsene völlig unfähig sind, einander gaben, war ein Versprechen auf Ewigkeit ohne Hintergedanken und Gegenleistung. Wir waren unsterblich, und wir hatten einander auserwählt. Die Eigenarten und Launen der Menschen ändern sich schnell; wenn wir jedoch Liebe für den unsterblichen Teil an Kindheit im Anderen empfinden, ist es nicht ausgeschlossen, dass diese andauert.

Der Lauf der Dinge hat freilich anders darüber entschieden. Anne-Cécile und ich sind nicht auf dieselbe Grundschule gegangen – durch eine merkwürdige Fügung der Umstände kam sie ans Gebäude der ehemaligen *Knabenschule* und ich an das der nur ein paar Meter entfernten *Mädchenschule* –, so dass wir uns aus den Augen verloren. Als ich sie am ersten Tag der Grundschulklasse nicht auf dem Pausenhof wiedersah, empfand ich Bedauern, ein Gefühl von Beklemmung. Ich rief mir unsere nach nichts schmeckenden Küsse unter dem Vordach in Erinnerung. Hatten sie zu nichts genutzt? Waren wir nicht durch die in einer dunklen Ecke eines Vorschulhofes ausgetauschten Zärtlichkeiten endgültig liiert? Ich biss die Zähne zusammen, es fehlte nicht viel, und ich hätte losgeweint. Jeden Abend in meinem Bett habe ich vor dem Einschlafen an Anne-Cécile gedacht, zumindest ein paar Wochen lang. Ich habe viel von ihr geträumt. Und schließlich habe ich mich anderen Dingen zugewandt.

Dreieinhalb Jahre später habe ich sie im Park um die Ecke wiedergetroffen. Sie war größer geworden, wirkte aber immer noch wie ein verhinderter Junge und hatte ihre behäbige Seite behalten. Ehrlich gesagt gefiel sie mir nicht mehr. Ich habe schon versucht, ihr meine Spiele zu zeigen, meine Verstecke, meine in bestimmten Büschen angelegten Geheimvorräte an Stöcken, die Schleichwege durch das Gesträuch, auf denen ich gern den Park durcheilte – es half alles nichts. Sie folgte mir ohne Kommentar. Und dann begriff ich, was los war, warum sie mich nicht mehr interessierte: Sie hatte nicht gelernt zu reden. Mit acht Jahren war sie so stumm wie mit vier, während ich inzwischen eine wahre Plaudertasche geworden war, gern Reden schwang, mich in Wortgefechte mit Erwachsenen stürzte, meine Ansichten über alles und jedes kundtat. Sie war nur ein Ohr. Ein Ohr ist gut. Für einen Schwätzer ist es sogar sehr aufbauend. Doch kann man in ein Ohr verknallt sein? Wir haben uns »Auf Wiedersehen« gesagt und uns nie mehr wiedergesehen. Ich begriff, dass der Kuss von Anne-Cécile nicht Anne-Cécile war. Ich habe mich dieser für mich neuen Erkenntnis beugen müssen: Ein Kuss kann unpersönlich sein, wie ein von jedem Subjekt losgelöstes, außerzeitliches Ereignis. Und dadurch nur umso stärker. Es gibt Küsse, deren einzige Qualität darin liegt, stattgefunden zu haben. Und die man in seinem Inneren bewahren kann wie Glasstückchen, die man für sich selbst und unbekümmert um ihren wahren Wert als Diamanten gelten lässt.

Und dann ist da Sophie. Mit ihr habe ich eine sehr eigenartige Phase meiner Kindheit erlebt, eine *umgekehrte Initiation*. Sophie war dünn, blond, hatte Augen blau wie Regen und schaute drein wie ein Kätzchen, das gerade in eine Brennnessel gebissen hat. Im Gegensatz zu Anne-Cécile war sie eine von denen, die von aller Welt schon auf den ersten Blick hübsch gefunden werden; sie entsprach den Kriterien. Ihr schlanker Körper hatte zarte Gelenke und wog fast nichts, man hätte sie für eine Ballerina halten können. Es gab nur ein Problem: Sophie war sechs, ich war zehneinhalb. Sie war in der ersten Klasse, ich in der fünften. Sie war gut vierzig Zentimeter kleiner als ich. Das war *peinlich*. Sie war ein Kind, ein pausbäckiges Baby … und doch hat sie mich am Ende herumgekriegt. Mich verhext.

Schon als sie mich das erste Mal gesehen hatte, hatte sie mich auserkoren. Ohne jeden Grund. Sie lief mir ständig auf dem Hof hinterher, stürzte sich auf mich, um mich mit Küssen zu bedecken und mir zu sagen, dass sie mich liebte. Gemeinsam mit ihren Freundinnen war das ein Spiel geworden. Sie ließ sich helfen, so dass sie sich mir zu fünft oder sechst in den Weg stellten, damit Sophie auf mich springen und meine Hände, Ohren, Wangen oder was immer sie erhaschte abküssen konnte. Anfangs ließ ich mir das natürlich nicht gefallen, ich teilte kräftig Ohrfeigen und Fußtritte aus. Doch welchen Sinn ergibt das, ein kleines Mädchen zu schlagen, das einen herzen will? Ich habe schließlich kaum noch Gegenwehr geleistet, ohne dass das ihren Feuereifer gedämpft hätte. Sie hatte ein so mächtiges Verlangen, dass es ihr gelang, eines der ehernsten Gesetze der Schule zu brechen: Von nun an war ein *Großer* mit einer *Kleinen* zusammen.

Mal gingen wir zu mir – wo normalerweise niemand daheim war –, mal zu ihr. Ich erinnere mich an ihre Mutter. Sie war schon älter, man hätte sie für eine Großmutter halten können. Sie hatte weiße Ringellocken. Sie lebte allein, blieb zu Hause, schien nicht zu arbeiten. Sie ließ uns machen. Wir mussten uns nicht einmal verstecken, ins Schlafzimmer gehen und die Tür abschließen: Unter dem mütterlichen Blick küsste mich Sophie, was das Zeug hielt. Auf die Wangen und auf den Hals. In den Nacken. Unter die Arme. In die Kniekehlen. Auf den Mund. Es machte ihr Spaß, neue Kombinationen zu erfinden und auszuprobieren. Mir war fiebrig und übel, ich fühlte mich in jeder Hinsicht manipuliert von einem kleinen, unersättlichen Tier. Das war grotesk, und es war auch gut. Sophie war völlig außer Rand und Band, überhaupt nicht zu beruhigen.

Bei ihr zu Hause hatten wir auch ein Spiel erfunden (außer dem Küssen das einzige, zu dem wir Zeit fanden): Wir stellten uns vor das große schwarze Sitzkissen im Wohnzimmer, nahmen die Arme hinter den Rücken und ließen uns steif wie ein Brett nach vorn fallen, in das steife Leder. Es ging darum, nicht die Augen zu schließen und vor dem Aufprall nicht den Kopf wegzudrehen. Wumm! Jedes Mal ein Riesenspaß. Im Rückblick komme ich nicht umhin, zwischen diesem Fallenlassen und unserem ersten Umkippen in die Sinnlichkeit, zwischen dem Kontakt mit dem ganz trockenen Lederbezug und dem mit den immer feuchten Lippen Sophies einen engen Zusammenhang zu sehen. Wir zähmten die Angst.

Indes kam der Sommer, ich bin weggezogen und habe Sophie niemals wiedergesehen. Ich weiß nicht, ob wir uns weiterhin getroffen hätten. Ein Oberschüler, der mit einer Zweitklässlerin Hand in Hand spazieren geht … Ist das möglich, ist das wirklich eine *lebbare* Daseinsoption – oder wäre das in einen Fall für die Klatschspalten ausgeartet? Heute frage ich mich, wie es um sie stehen mag. Bin ich Zeuge der ersten Anzeichen einer erotomanen Psychose oder einer ausgeprägten Nymphomanie geworden? War sie Opfer von Missbrauch geworden – was ihre ausschweifende Haltung, ihr geschicktes Verführen, ihre Schamlosigkeit vielleicht hätte erklären können? War ihre Mutter etwa Komplizin gewesen? Ich habe keine Antwort auf diese Fragen, und Sophies Persönlichkeit erscheint mir noch heute undurchschaubar. Doch was soll es bringen, über sie zu urteilen – und nach welchen Kriterien? Moral? Gesetze der Psychogenese? Sie hatte ganz einfach allen eine Sehnsucht voraus.

X. Eine merkwürdige Verlegenheit um Worte

Lange Zeit galt das Lesen von Romanen als ein Zeitvertreib für junge Mädchen. Man widmete sich ihm in der Stille eines Boudoirs oder im Schatten eines duftenden Gartens, und diese Histörchen schnürten den Fräulein die Brust zusammen, entlockten ihren Lippen tiefe Seufzer. Wenn fiktionale Werke zu lesen als ein unnützes Freizeitvergnügen erschien, war welche zu schreiben kaum angesehener. Der Roman war ein untergeordnetes Genre, mit seinen kleinen Meistern, vor allem in England (Samuel Richardson, Henry Fielding), aber auch bei den Franzosen (Abbé Prévost oder der junge Marivaux). Diese erfreuten sich keineswegs des gleichen Prestiges wie die Dramatiker und Poeten.

Um seinen Adelsbrief als hohe Kunst zu erlangen, um ein authentischer Ort stilistischer Innovation, ein Werkzeug zur Erkenntnis der Gesellschaft und der Welt zu werden, musste nun der moderne Roman zunächst seine kitschrosafarbenen Ursprünge verleugnen (und die morbid schwarzen: neben den Liebesromanen entwickelte sich im 18. Jahrhundert ein florierender Handel mit Erzählungen von Allerweltsfällen und abscheulichen Verbrechen). Der Kuss, obligatorische Zutat aller Handlungsverläufe im Zeitalter der Klassik, fand sich in den modernen Romanen mit einem Mal herabgestuft. Undenkbar nun, den Backfischen noch Honig ums Maul zu schmieren. Vorbei der »Rosenmund«, der durch das »Feuer vom Himmel« berührt wurde, vorbei das »von Wollust erdrückte Herz«! Die Romanciers des 19. und 20. Jahrhunderts sind im Großen und Ganzen keine glühenden Verfechter des Kusses gewesen – im Gegensatz zu Rousseau haben sie ihn nicht mit einem höheren Sinn ausgestattet. Es ist sogar recht amüsant zu beobachten, wie sie Listen anwenden und Haken schlagen in dem Versuch, sich dem Thema auf Umwegen zu nähern, wobei sie mit raffinierten Tricks wetteifern, um nicht ins Klischee zu verfallen.

Es kommt nicht selten vor, dass sie zu diesem Zweck die Emotion, die sie womöglich erwecken könnten, im Keim zu ersticken versuchen. Das ist die Stendhal so teure Technik des *heiß und kalt*:

»Er hielt es für seine Pflicht, den Augenblick, da alle von einem Zimmer ins andere gingen, zu nutzen und Madame de Rênal einen Kuss zu geben. Nichts war unpassender, nichts unangenehmer sowohl für ihn wie auch für sie, nichts unvorsichtiger. Beinahe wären sie überrascht worden.« (*Rot und Schwarz*, 1830)

Eine Technik, die Flaubert keineswegs verschmäht:

»Und sie küsste ihn […] wie eine Mutter.« (*Die Schule der Empfindsamkeit*, 1869)

Oder auch, uns näher, Marguerite Duras:

»Beim Kuss weinte er.« (*Der Liebhaber*, 1984)

Eine weitere Raffinesse besteht darin, in die Kussszene zur Überraschung des Lesers eine ungewöhnliche *psychologische Beobachtung* einfließen zu lassen. Nach Monaten schmerzhaften und leidenschaftlichen Wartens gelingt es endlich Humbert Humbert, dem Helden aus Vladimir Nabokovs *Lolita*, das zwölfjährige Nymphchen, von dem er besessen ist, zu küssen. Doch der Eindruck, den er aus diesem kleinen Sieg zurückbehält, verstört ihn:

»Ihrem Kuss war zu meiner ekstatischen Verlegenheit eine recht komische flatternde und forschende Kunstfertigkeit zu eigen, aus der ich entnahm, dass sie in sehr jungen Jahren von einer kleinen Lesbierin in die Lehre genommen worden war.« (*Lolita*, 1955)

Auf dem Gebiet der Psychologie führt am Beitrag Marcel Prousts ganz offensichtlich kein Weg vorbei. Der Autor der *Suche nach der verlorenen Zeit* ist in der Tat der Erfinder des *Mikroskops der Seele* – das heißt, dass seine Kunst ganz und gar darin besteht, die Länge der Sätze stark zu dehnen, die Bewusstseinszeit der Figuren auszuweiten, um die flüchtigsten Stimmungen, die subtilsten ihrer Gefühle zu isolieren – so sehr, dass er uns den Eindruck vermittelt, mehr als irgendwer über das menschliche Wesen zu wissen, und dabei eine Art

Diashow des Innenlebens präsentiert, die nichts von dem ähnelt, was wir anderen wirklich empfinden. Keineswegs erstaunlich also, dass eine der besten Beschreibungen des modernen Kusses in *Eine Liebe Swanns* auftaucht, dem zweiten Teil des ersten Bandes von *Auf der Suche nach der verlorenen Zeit*. Es handelt sich um jene Szene, in der Swann Odette in der Kutsche nach Hause begleitet; er wird sie zum ersten Mal küssen. Um diesen Augenblick besser auszukosten, imitiert Swann seinen Schöpfer, das heißt, dass er auf Prousts Art ein Standbild herbeiführt, eine Pause. Er will Odettes Gesicht betrachten und so im Gedächtnis bewahren, wie es ihm erscheint, unmittelbar bevor sich ihre Lippen berühren. Er weiß ganz genau, dass er es auf dieselbe Weise nie mehr wiedersehen wird:

»In einer Haltung, die sie zweifellos gewöhnlich einnahm, die sie für angebracht hielt in solchen Augenblicken und auch jetzt nicht zu vergessen aufmerksam bedacht war, schien sie mit aller Macht ihr Gesicht von dem seinen fernzuhalten, als werde sie durch eine unsichtbare Kraft zu Swann hingezogen. Doch schließlich hielt Swann es selbst, bevor sie es gleichsam gegen ihren Willen auf seine Lippen sinken ließ, einen Augenblick zwischen beiden Händen von sich ab. Er wollte seinem Denken Zeit lassen, den Traum, dem er so lange nachgehangen hatte, wiederzuerkennen und seiner Verwirklichung beizuwohnen wie eine Verwandte, die man herbeiruft, damit sie ihrerseits den Erfolg eines Kindes mitansieht, das ihrem Herzen nahesteht. Vielleicht heftete auch Swann auf dieses Antlitz einer Odette, die ihm noch nicht gehört, die er noch nicht einmal geküsst hatte und die er zum letzten Mal in dieser Weise sah, jenen Blick, mit dem man am Tag der Abreise eine Landschaft mit sich forttragen möchte, die man für immer verlässt.« (*Auf der Suche nach der verlorenen Zeit*, 1913)

Das Antlitz der Frau, »die ihm noch nicht gehört«, als eine Landschaft, von der es still Abschied zu nehmen gilt: Hier ist der Proustsche Sinn des Details auf seinem höchsten Niveau.

Es gibt aber noch eine weitere Strategie, den Kuss mit Anspruch auf Originalität heraufzubeschwören, die nicht darin besteht, ihm eine überraschende oder tiefgründige psychologische Bemerkung anzuhängen, sondern darin, auf die Möglichkeiten der Sprache selbst zurückzugreifen. Zumeist handelt es sich darum, den Geist des Lesers mit einem *hochexplosiven Bild* in Erstaunen zu versetzen. Dabei entdeckt man, dass die Romanciers imstande sind, alles Mögliche für diesen Zweck in Dienst zu nehmen, aus jeder Art von Holz ihr Feuer zu machen – ob Eiche, Kohlblatt, Hostie oder Leichnam:

»Weiter hinten, unter jener Eiche, hatten sie ihren ersten Kuss ausgetauscht. Die Eiche bewahrte den Duft dieses Kusses; das Moos selber sprach noch immer davon.« (Émile Zola, *Die Sünde des Abbé Mouret*, 1875)

»Er küsst sie schüchtern, ganz wie ein kleines Kaninchen mit langen rosa Ohren, gibt ihr einen flüchtigen Kuss auf die Lippen, als knabbere er an einem Kohlblatt.« (Henry Miller, *Wendekreis des Krebses*, 1934)

»Ehrfurchtsvoll küsse ich ihre sehr hübschen Zähne, und nun, langsam, ernst, das zweite Mal ein paar Töne höher als das erste Mal: ›Die Kommunion findet schweigend statt … Die Kommunion findet schweigend statt.‹ Weil, erklärt sie mir, dieser Kuss in ihr den Eindruck von etwas Heiligem hinterlässt, wo ›die Zähne die Stelle der Hostie einnehmen‹.« (André Breton, *Nadja*, 1928)

»Aber trotz allem Entsetzen, das den Mörder vor dem Leichnam des Ermordeten ergreift, muss er diesen Leichnam in Stücke schneiden und verstecken und muss sich das aneignen und zunutze machen, was er durch den Mord erworben hat. Mit Ingrimm, mit einer wahren Leidenschaft stürzt sich der Mörder auf den Leichnam, zerrt ihn hin und her und zerstückelt ihn; und so bedeckte auch Wronski jetzt Annas Gesicht und Schultern mit Küssen.« (Lew Tolstoi, *Anna Karenina*, 1877)

Nicht nur mit dem Bild kann eine unvorhergesehene stilistische Variation erzeugt werden. Auch mit einem Wortspiel kann man einen äußerst reizvollen Effekt erzielen – wenngleich dieses Vorgehen viel seltener ist:

»Lamélie schloss die Augen und widmete sich andächtig der Zungologie.« (Raymond Queneau, *Die blauen Blumen*, 1965)

Fassen wir zusammen: Für die klassischen wie für die Romanciers unserer Zeit ging und geht alles darum, bei der Beschreibung des Kusses ein richtiges Mittelmaß zu finden. Zwei Klippen mussten sie meiden. Einerseits die Plattitüde:

»... und plötzlich – wie wurde mir da! – bedeckten ihre weichen, frischen Lippen mein Gesicht mit Küssen, berührten meine Lippen.« (Iwan Turgenjew, *Erste Liebe*, 1860)

Andererseits das Geschwollene. Letzteres ist noch schädlicher als die Banalität. Im Strom einer gut aufgezogenen Geschichte schwimmt schnell eine konventionelle Phrase, ein Stereotyp mit – und wird auch schnell verziehen; doch ein infantiler Lyrismus, eine schwerfällige Aufzählung, etwas zu offensichtliche Metaphern lassen am Talent des Autors zweifeln. Deshalb ist die Emphase eines Albert Cohen, wenn er zum Sturm auf diesen Everest aus sentimentaler Gelatine ansetzt, um jeden Preis zu vermeiden:

»O Anfänge, zwei Unbekannte, sich plötzlich auf wunderbare Weise erkennend, emsige Lippen, kühne Zungen, nie gesättigte Zungen, Zungen, die sich suchen und miteinander verschmelzen, Zungen im Kampf, in zärtlichem Hass vermengt, geheiligtes Tun des Mannes und der Frau, Säfte der Münder, Münder, die sich gegenseitig Nahrung spenden, Nahrung der Jugend, Zungen vermengt in unmöglichem Wollen, Blicke, Ekstasen, lebendiges Lächeln zweier Sterblicher, feuchtes Gestammel, kindliche Küsse, unschuldige Küsse auf die Mundwinkel, Wiederholungen, jähe wilde Begierde, ausgetauschte Säfte, nimm, gib, noch mehr, Tränen des Glücks, getrunkene Tränen, erfragte Liebe, aufs neue beteuerte Liebe, herrliche Eintönigkeit.« (*Die Schöne des Herrn*, 1968)

(Zu seiner Verteidigung sei erwähnt, dass selbiger Albert Cohen achtunddreißig Jahre zuvor, in *Solal*, folgende unglaublich wirkungsvolle Eingebung hatte: »Kuss, Verlötung zweier Verdauungskanäle.« Doch es stimmt wohl, dass er da das ganze Ungestüm eines jungen Mannes hineingelegt hat.)

So beredt diese Passagen auch sein mögen, die zeitgenössischen Romanciers haben deshalb noch längst nicht dazu verholfen, eine neue Metaphysik des Kusses zu prägen. Ihr Beitrag auf diesem Gebiet beläuft sich eher auf eine Sammlung von Bonmots und mehr oder weniger treffenden Überlegungen, ohne dass sich irgendein kohärenter Sinnhorizont abzeichnen würde. Kein Vergleich mit dem Sex – über das gesamte 20. Jahrhundert verfügten die Romanciers über das Genie, die Liberalisierung der Sitten vorauszuahnen, sie zu begleiten und dann die Bilanz aus ihr zu ziehen; sie haben ihren Lesern eine große Palette an sexuellen Temperamenten, aber auch an möglichen Ausbuchstabierungen des existenziellen Problems des Begehrens präsentiert. Was den Kuss anbelangt, so hat er sich über die Jahre hinweg bis in heutige Zeit gehalten, gleichsam als eine Grundzutat der narrativen Küche, ganz angenehm, aber mehr auch nicht. Der Kuss ist ein Thema, zu dem man Variationen vorschlägt, ohne es in Frage zu stellen oder zu revolutionieren.

Im Kontrast hierzu sei angemerkt, dass es einen weiteren Bereich der geschriebenen Sprache gibt, einen Bereich, in dem die Wörter nicht die Funktion haben, zu *evozieren*, sondern nur, zu *kommunizieren*, und in dem sich paradoxerweise die Gepflogenheiten – zumindest im Französischen – auf irritierendere Weise entwickelt haben. Dieser Bereich hat weder etwas mit Literatur noch mit Kreation zu tun – es geht weitaus eher um herkömmliches Schreiben im beruflichen oder privaten Rahmen. Die Rede ist von jenen vorgefertigten, anscheinend unschuldigen und harmlosen Ausdrücken, mit denen wir gewohnheitsmäßig unsere Briefe oder E-Mails, Postkarten oder SMS beenden.

Wenn man Wert darauf legt, Distanz kenntlich zu machen, kann man im Französischen »*Bises*« (»Küsschen«) schreiben, quasi um seine Nachricht mit einer finalen Prise Herzlichkeit zu würzen. Doch eines unglaublich weitverbreiteten Gebrauchs erfreut sich das

»*Je t'embrasse*« (»Ich küsse dich«), das man gegenüber jedem oder fast jedem Empfänger verwenden kann, ohne dass es als deplatziert angesehen würde. Sie können eine E-Mail an einen Kollegen oder einen entfernten Bekannten, an eine Freundin von einem Freund, einen Mann oder eine Frau mit einem »*Je t'embrasse*« abschließen, ohne dass Ihnen ein spezieller Hintergedanke unterstellt würde. Sie können es sogar an jemanden richten, den Sie in Wahrheit niemals küssen. Allenfalls, wenn Sie einen Brief erhalten, der mit dem Wort »*Baisers*« (»Küsse«) endet, kann das auch als (etwas übertriebene, aber schicke) Sympathiebekundung aufgefasst werden. Der Gebrauch dieser Formeln variiert freilich in Abhängigkeit vom sozioprofessionellen Umfeld und vom Grad der Verflochtenheit von Subjektivität und Objektivität, der dort herrscht. An einen Rechnungsprüfer oder einen Finanzbeamten würde man nicht »Bises« schreiben, da sich diese Metiers ja mit der exakten Neutralität der Zahlen abplacken. In den Metiers hingegen, in denen die Kreativität und somit ein hoher Grad an persönlicher Einbringung in die Arbeit als ein Zeichen von Professionalität gilt, wie in der Welt der Verlage, der Presse oder der Werbung, gehört es zum guten Ton, sich am Ende jeder x-beliebigen Mail zu küssen.

Wie oft ist es vorgekommen, dass ich mich beim Lesen von »*Je t'embrasse*« oder »*Baisers*« gefragt habe, ob das Fisch oder Fleisch sei, ob ich das mit Recht als Geständnis eines Begehrens, einer besonderen Bevorzugung deuten dürfe, oder ob die Person, die mir schrieb, es einfach gewohnt war, ihre Nachrichten so zu beenden? Und der Reiz der Sache liegt nicht zuletzt darin, dass die Zweideutigkeit sich ganz und gar in Schweigen hüllt, dass man über keine Schlüssel verfügt, um diese kleinen Mysterien zu knacken.

Durch die Macht der Gewohnheit und die Lektürekonventionen ist die Schlussformel, die der Unterschrift vorausgeht, in jedem Falle banalisiert. Darum ist der Brieffuß jener einzigartige Ort, jene strategische Stelle, wo man im Französischen »Ich küsse Dich« so schreiben kann, als handle es sich um ein bloßes »Mit freundlichen Grüßen«. Dort liegt, unter der Maske der Höflichkeit, einer der wenigen Handlungsspielräume, der dem Ausdruck menschlicher Gefühle überlassen bleibt: Man täte Unrecht, das nicht auszunutzen.

XI. Alles nur Kino

1939. Auf allen Leinwänden der Welt unterhält sich Clark Gable, in einen schwarzen Gehrock gezwängt, der ebenso funkelt wie seine tadellos pomadierte Frisur, mit Vivien Leigh. Während er spricht, grimassiert er etwas zu viel, rollt mit seinen hervorstehenden Augen und lässt seine vollen Lippen und seinen braunen Oberlippenbart tanzen wie ein Hütchenspieler oder ein prahlerischer Matador. Sie macht Anstalten zu gehen, er hält sie energisch am Ellbogen zurück, dreht sie herum und drückt sie an sich. Die Geste ist unwiderruflich, die Besitzergreifung direkt und viril. Er küsst sie. Zuerst sperrt sie sich, zieht die Schultern hoch. Sie ringt nach Atem, ihrer Lunge geht die Luft aus, sie wehrt sich, um zu entkommen. Doch er überragt sie um gut einen Kopf und presst sie in seine Arme, aus denen es kein Entrinnen gibt. Schließlich schmilzt sie dahin, ebenso wie ihre moralische Gesinnung. Zarte Kapitulation ... Zoom zurück, man sieht Vivien Leigh in einem riesigen schwarzen, krinolinebewehrten Seidenkleid. Sie biegt sich hintüber, lässt sich davontragen, man könnte meinen, ihr Körper hinge schwebend an ihrem Mund: Prinzessin der Schwerelosigkeit.

1953. Die Kamera ist zunächst aufs offene Meer gerichtet, auf den Horizont. Das Meer schwillt an, eine schäumende Woge rollt auf den Betrachter zu. Das Objektiv schwenkt herum, und auf dem Sandstrand entdeckt man ein sich umarmendes Paar. Deborah Kerr, in Badeanzug und Badekappe, liegt ausgestreckt auf dem Rücken, hingebreitet auf dem Sand. Burt Lancaster liegt auf ihr; die breiten, flächigen Flanken seines kräftigen Rückens lassen das Schwarzweiß des Films flimmern. Die Welle rollt über sie, bespritzt sie von Kopf bis Fuß. Klatschnass, mit zerzaustem Haar und Tröpfchen überall auf der Haut, springen sie auf rennen ein paar Meter, als wären sie betrunken und könnten sich nicht mehr aufrecht halten. Deborah lässt sich als erste fallen, bietet sich an. Burt hält einen Augenblick inne. Er hat einen Unterkiefer wie ein Betonmischer, eine Stirn wie ein Schneepflug, Schultern wie ein Mähdrescher. Nach einer Sekunde des Zögerns gesellt er sich zu ihr für diese erneute Umarmung.

Wenn es in *Gone with the Wind* (*Vom Winde verweht*) der Mann war, der das Geschehen dirigierte, sich seiner Partnerin bemächtigte, sie festhielt, bis sie nachgab, so ist es vierzehn Jahre später umgekehrt: In *From Here To Eternity* (*Verdammt in alle Ewigkeit*) ist es die Frau, die das Begehren erregt und den Reigen anführt.

Zwischen diesen beiden Filmen, zwischen Anfang der Vierziger und Mitte der Fünfziger Jahre, ist *Hollywood* fast gleichbedeutend mit *French Kiss* (zum Beweis: als 1952 eine Kaugummimarke mit Mentholgeschmack für frischen Atem die Eroberung des französischen Marktes in Angriff nimmt, wird sie sich ganz natürlich *Hollywood Chewing-Gum* nennen, so unmittelbar wirkt die Gedankenassoziation im kollektiven Imaginären). Nichts symbolisiert die Magie des Kinos besser als die wenigen Sekunden, in denen die Münder der Darsteller sich aufeinander zubewegen – das ist wahrlich der Kulminationspunkt jedes Films, auf den man in den dunklen Sälen insgeheim mit angehaltenem Atem wartet.

Fürs erste habe ich nur *Vom Winde verweht* und *Verdammt in alle Ewigkeit* angeführt, doch zahlreiche weitere Szenen sind in die Annalen eingegangen: In *Camille* (*Die Kameliendame*, 1936) bedeckt Greta Garbo das Gesicht Robert Taylors mit einem wahren Regen von Küssen; 1937 erwacht Walt Disneys Schneewittchen aus ihrem steinernen Schlaf, als die Lippen des Prinzen sich auf die ihren legen; ein Errol Flynn mit lächerlich onduliertem Haar erklimmt in *The Adventures of Robin Hood* (*Robin Hood, König der Vagabunden*, 1938) die Mauern von Nottingham Castle, um Olivia de Havilland zu küssen; Joan Fontaine versucht in Alfred Hitchcocks *Rebecca* (1940) mit der Wärme ihrer Lippen auf denen von Laurence Olivier die eisige Erinnerung an eine Tote zu vertreiben; wie ein Rugbyspieler seinen ovalen Ball, schnappt sich Humphrey Bogart in *The Maltese Falcon* (*Die Spur des Falken*, 1941) das Gesicht von Mary Astor und küsst es, wobei er seine Daumen tief in ihre Wangen eindrückt; »Küss mich, küss mich als wäre es das letzte Mal«, fleht Ingrid Bergman in *Casablanca* (1942) denselben Humphrey Bogart an; ein wenig raffinierter löchert Ingrid Bergman ein Jahr darauf in *For Whom the*

Bell Tolls (*Wem die Stunde schlägt*, 1943) Gary Cooper mit den Worten: »Ich weiß nicht, wie man küsst, sonst würde ich dich küssen. Wo sollen denn die Nasen hin?« – und bekommt prompt eine Gratislektion in praktischer Anwendung; mit vierundvierzig Jahren pflückt sich Humphrey Bogart in *To Have and Have Not* (*Haben und Nichthaben*, 1944) noch Küsse vom Mund der erst neunzehn Lenze zählenden Lauren Bacall, bevor er sie im richtigen Leben heiratet; in *The Big Sleep* (*Tote schlafen fest*, 1946) küsst er also seine Frischvermählte mit einer nicht nur gespielten Liebe; Lana Turner zieht wortlos ihren Lippenstift nach, nachdem ihr John Garfield in *The Postman Always Rings Twice* (*Im Netz der Leidenschaft*, 1946) rüpelhaft einen fetten Schmatzer gegeben hat; Vivien Leigh versucht, einem zwanghaften, pathetischen und selbstzerstörerischen sexuellen Begehren zu widerstehen, als sie in *A Streetcar Named Desire* (*Endstation Sehnsucht*, 1951) Wright King küsst; über dem Friedhof von Innisfree füllt sich der Himmel mit Blitz und Donner, es beginnt, in Strömen zu regnen, der Wolkenbruch lässt das Hemd von John Wayne an seiner Haut kleben, während er in *The Quiet Man* (*Der Sieger*, 1952) Maureen O'Hara mit beschützender Geste umarmt und sie leidenschaftlich küsst; *Singin' in the Rain* (1952) hingegen endet unter einer triumphierend strahlenden Sonne mit dem theatralischen Kuss von Gene Kelly und Debbie Reynolds; in *Rear Window* (*Das Fenster zum Hof*, 1954) nähert sich ein Schatten dem schlafenden James Stewart, hält über seinem Gesicht inne, so dass er alarmiert die Augen aufschlägt, und Grace Kelly lässt einen Kuss auf ihn herabschweben, von dem man nicht weiß, ob er dem Wachsein oder dem Träumen zugehört …

Der Erfolg dieser Filme hat global auf eine Weise gewirkt, die man nicht erwartet hatte: Tatsächlich ist Hollywood verantwortlich für die weltweite Verbreitung des Kusses, die längst nicht so weit zurückliegt, wie man leicht annehmen könnte. Bevor diese Szenen auf die Sitten und Bräuche der fünf Kontinente abfärbten, war der Kuss aus Liebe eine Praktik, die in Afrika südlich der Sahara, in Asien, aber auch in Australien oder bei den Indianern mehr oder weniger unüblich war. Das Schicksal des Kusses als anfangs lokale Spezialität ist mit dem der Pizza vergleichbar, die heute auf der ganzen Welt verzehrt wird.

Allerdings ist sogleich zu präzisieren, dass diese Globalisierung ungleichmäßig geblieben ist. Schätzungen zufolge küsst heutzutage jeder zehnte Mensch überhaupt nicht. Eine kürzlich durchgeführte Studie zeigte, dass in Japan der Ehemann seiner Frau im Durchschnitt einen halben Kuss pro Tag gibt (»Den Fisch, den man geangelt hat, füttert man nicht«, lautet ein japanisches Sprichwort). Das ist immer noch besser als in Korea, wo die tägliche Ration auf ein Viertelküsschen zusammenschrumpft. In China küsst man sich zweieinhalb Mal pro Tag, ein Durchschnitt, der noch weit vom französischen Rekordwert entfernt liegt, denn im Land der Liebe tauschen Paare täglich sieben Küsse aus.

Ironischerweise geht die Allgegenwart des Kusses in den Hollywoodfilmen, wenn sie auch ohne jeden Zweifel ein wenig überall in der Welt zur Liberalisierung der Sitten beigetragen hat, historisch gesehen in den USA mit einem Wiedererstarken der moralischen Ordnung einher.

Tatsächlich sahen die Major-Filmstudios zu Beginn der Dreißiger Jahre ihre Reputation durch reihenweise Skandale bedroht: Gerüchte über Orgien im Milieu der Finanzriesen und der Filmsternchen von Los Angeles wurden von der Boulevardpresse breit ausgewalzt; die Zahl der außerehelichen Affären, der Enthüllungen über die Bisexualität der Schauspieler vervielfachte sich; mehrere Fälle von Drogentoten hatten die öffentliche Meinung in Aufruhr versetzt. Auch der Stummfilm selbst geizte nicht mit Szenen von Ausschweifung und Trunksucht. Klagen und Gerichtsvorladungen durch die Ligen zum Erhalt sittlicher Werte nahmen um ein Vielfaches zu. Um ein Intervenieren des Bundesstaates zu verhindern, trafen die Major-Studios also die Entscheidung, den Turbulenzen in den eigenen Reihen selbst abzuhelfen: Sie beschlossen, sich einen Zensurcode aufzuerlegen, benannt nach dem Republikaner Hays, der hierbei die treibende Kraft war. Die Durchsetzung des Codes wurde einer neuen unabhängigen Institution anvertraut, der *Production Code Administration*, deren Leiter von 1934 bis 1954 ein gewisser Joseph Breen war.

So ist Breen von einem Tag auf den anderen zum einflussreichsten Mann Hollywoods geworden, zum einzigen, der anweisen konnte, die Verfilmung eines Drehbuchs zu modifizieren, eine Szene herauszuschneiden oder sie nach seinen Vorgaben noch einmal spielen zu lassen. Nach den Fotos, die wir von ihm haben, war nichts Imposantes an Joseph Breen. Mit den ergrauenden Haaren, einem wachen Blick, der durch sehr buschige Augenbrauen sanfter wirkte, dem Kinn, das rund wie ein Tischtennisball über dem fetten Hals schwebte, erweckte er im Gegenteil eher den Eindruck eines liebenswürdigen Familienvaters. Er maß einen Meter dreiundsiebzig, damals eine ansehnliche Größe, doch nicht geschaffen, um den großen Tieren Respekt einzujagen. Beseelt von einem aufrichtigen Interesse fürs Kino, war er immer bereit, mit den Regisseuren zu verhandeln und eher über die moralische Ausrichtung ihres Werkes zu diskutieren, als es mit einer engstirnigen Zensur zu belegen. Er war bei den Jesuiten katholisch erzogen worden, hatte seine Jugendliebe geheiratet und mit ihr sechs Kinder großgezogen. Bekanntlich wühlen die Biographen gern im Leben der Zensoren und gestrengen Sittenwächter auf der Suche nach weniger prächtigen Details und geheimen Perversionen; nichts dergleichen im Leben von Joseph Breen. Er glaubte an Gott und liebte seinen Beruf, den er als eine Art göttliche Mission ansah – da das amerikanische Kino durch seine internationale Ausstrahlung Verantwortung für das Seelenheil von zig Millionen Zuschauern trug und ihre Weltsicht beeinflusste.

Doch kommen wir zum Inhalt des Hays Code selbst. Seine Direktiven in Sachen Sitten und Sexualität waren präzise: Der Code untersagte es, Ehebruch in einem positiven Licht darzustellen; zweideutige Tänze oder sich entkleidende Schauspieler zu zeigen; er ächtete alle Bett- und Schlafzimmerszenen. Gemischtrassige Verhältnisse waren tabu. Allgemein gesagt waren die Filme dazu angehalten, Respekt vor der ehelichen Liebe und den familiären Werten einzuflößen. Wenn die Drehbücher aus dramaturgischer Notwendigkeit dann doch die dunkle Seite des Menschen offenbarten, seine Gewalttätigkeit oder seine Laszivität, so durfte das stets nur aus Komplikationen oder unverzichtbaren Umschwüngen der Filmhandlung heraus existieren, niemals als Selbstzweck: Das Böse wurde nur als momentanes Hindernis auf dem Weg zum Triumph des Guten toleriert. Bei der Lektüre der zwölf Grundprinzipien des Hays Code drängt sich eine Schlussfolgerung auf: Das Einzige, was amerikanische Regisseure zwischen 1934 und 1954 in Sachen Erotik noch auf der Leinwand zeigen konnten, war der Kuss. Und auch da noch empfahl der Code, »exzessive Küsse« zu meiden, man musste sich also selbst in diesem Bereich an ein gewisses Maß halten.

Kurioserweise enthält der Code auch eine einfache, doch tiefgreifende Reflexion über die Kunst, genauer gesagt über den Unterschied zwischen Literatur und Kino. »Die Reaktion eines Lesers auf ein Buch hängt großteils von der Schärfe der Imaginationskraft des Lesers ab; die Reaktion auf einen Film hängt von der Lebendigkeit der Darstellung ab.« Anders gesagt ist es legitim, dass sich die Literatur einer größeren Freizügigkeit erfreut als das Kino, da die Worte es zulassen, die im Affekt begangene

Gewalt zu filtern und die Zurschaustellung des Lasters zu dämpfen oder zu intellektualisieren. Die Literatur ist insofern eine elitäre Ausdrucksform, als sie umso suggestiver wirkt, je intelligenter der Leser ist, während die Bilder imstande sind, den Erstbesten zu beeindrucken, und einer Distanzierung kaum Vorschub leisten.

Dem könnte man noch Folgendes hinzufügen: Die Kamera besitzt eine seltsame Macht, da dieses Werkzeug wie ein *Authentizitätsverkehrer* funktioniert.

Versuchen Sie, sich dabei zu filmen, wie sie gerade den Menschen küssen, den sie lieben. So intensiv dieser Kuss auch sein mag, so sehr wird dessen hyperrealistische Wiedergabe auf der Leinwand stets ein Sakrileg darstellen, eine Reduktion einer multisensorischen Geste, die für Sie mit einer speziellen emotionalen und spirituellen Bedeutung aufgeladen ist, auf zwei Dimensionen. Die Aura Ihres Liebeskusses wird dann schal geworden sein, seine Wahrheit wird verpixelt, banalisiert, sogar ein wenig lächerlich gemacht werden. Die Videokamera zerstört die Authentizität der erlebten Umstände und bewahrt nur eine blasse Kopie, eine kümmerliche Spur von ihnen.

Doch kehren wir zu Clark Gable zurück, wie er Vivien Leigh fest umarmt, oder auch zu Burt Lancaster, der auf einem Sandstrand des Pazifiks seine kräftigen Arme um Deborah Kerr schlingt: Hier hat der alles auslösende Kuss keinerlei Authentizität. Er ist gekünstelt, gespielt, für die Kameras gemacht. Doch kurioserweise schmückt das Cinemascope diese grobe Simulation mit der Intensität des Realen, gibt es einem bloßen Spiel der Darsteller Glaubwürdigkeit.

Und genau diese Umkehrung oder dieses Dazwischen macht den Zauber der Filmküsse aus. Der Zuschauer zögert und fragt sich, ob sie echt sind oder nicht. Oft kommen die Lippen der Schauspieler gar nicht wirklich aufeinander zu liegen, sondern weichen einander diskret aus; der Mann küsst das Kinn der Frau. Das leichte Hin und Her der Köpfe scheint aus der regen Tätigkeit der Zungen zu resultieren, doch dem ist nicht so. Bloß der Form halber schließen sich die Augenlider. Dennoch ist es nicht ausgeschlossen, dass sich einer der beiden Beteiligten persönlich in die Szene einbringt, dass Humphrey Bogart kein Theater spielt, wenn er den Geschmack von Lauren Bacalls Lippen genießt, nicht ausgeschlossen auch, dass Maureen O'Hara, wenn sie plötzlich an John Waynes Brust geschmiegt ist, eine unbeabsichtigte innere Aufregung verspürt. Die Schauspieler werden dafür bezahlt, etwas zu spielen, doch wir wissen nichts von dem, was sie in ihrem Innersten empfinden – das ist der Spielraum an Ungewissheit, der ihrem Kuss eine spezifische Aura verleiht. Es gibt einen Teil Wahrhaftigkeit in ihm, der uns endgültig unzugänglich und verschlossen bleibt und den wir von Ferne zu entschlüsseln versuchen.

Ab dem Moment übrigens, in dem der Hays Code obsolet wurde (im historischen Verlauf ist er von 1954 bis 1968 von Breens Stellvertreter, Geoffrey Shurlock, weiter angewendet und während dieser Zeit beträchtlich gelockert worden, bis er dann ganz fallengelassen wurde), verloren die Hollywoodküsse vollständig ihre Relevanz. Die Schauspieler begannen, ihre Münder aufeinanderzupressen, ihre Zungen zu verknoten, sich vollzusabbern. Je mehr sie auf Verstellung verzichteten, desto mehr verringerte sich die kinematographische Macht der Geste. Der mit der Ungewissheit verbundene Taumel hat sich verflüchtigt und einem entzauberten Realismus Platz gemacht. Nichts Prosaischeres als ein Mann und eine Frau, die sich abknutschen: Ebendas ist die Schwachstelle des Kinos in der Zeit nach Breen.

Doch vielleicht ist das auch eine Frage der Zeit. Um die Intimität des Kusses auszudrücken, sind die Künste, die einen Schnitt im Zeitstrahl vollziehen und deren Hauptfunktion es ist, den Augenblick stillzustellen, klar im Vorteil. In seinen Anfängen ging das Kino noch Hand in Hand mit der Photographie. Seine Schwarzweißbilder lieferten nur eine seltsame, steife, arrhythmische Kopie des Realen. Das Goldene Zeitalter Hollywoods ist auch die Zeit der Kameras auf Stativ, der bemühten Dialoge und der dem Theater entliehenen szenischen Spiele. In dem Maß, in dem die verrückte Dynamik der zeitgenössischen Welt in Technicolor auf den Leinwänden explodierte, kam es immer weniger in Frage, Umarmungen in schnulziger Zeitlupe zu zeigen.

Um diese Entwicklung zu ermessen, ist nichts geeigneter als ein Vergleich der ersten James-Bond-Filme mit jüngeren Episoden der Serie. In *Dr. No* (*James Bond – 007 jagt Dr. No*, 1962) macht Sean Connery die Bekanntschaft einer gewissen Eunice Gayson. Sie richtet den Blick ihrer großen blauen, von schweren, stark geschminkten Lidern umschatteten Augen auf ihn; eine unmerkliche Bewegung, etwas wie das Erzittern der Flügel eines sich in die Lüfte erhebenden Schmetterlings, läuft über ihre bemalten Lippen: Er küsst sie. *Cut*, man sieht ein Flugzeug der Pan American zur Landung ansetzen, das phallische Symbol ist ein wenig plump, aber komisch. Vierzig Jahre später in *Die Another Day* (*Stirb an einem anderen Tag*, 2002) schläft Pierce Brosnan mit Halle Berry. Katzenhaft, frisiert *à la garçonne*, bewegt sie sich auf ihm auf und ab, schwitzt und stöhnt, von Zeit zu Zeit küssen sie sich – kein Simulakrum diesmal. Der Kuss ist der einzige nicht vorgetäuschte Bestandteil der Sexszene, der es erlaubt, diese mit einer gewissen Überzeugungskraft zu versehen. Er dient als Beleg für die Wirklichkeit eines gerade ablaufenden Koitus.

Doch das Wesentliche liegt woanders. In dem Zeitraum von vierzig Jahren haben die Erotiksequenzen völlig ihre narrative Funktion in der Konstruktion der Szenarien gewechselt. Zu Beginn der Sechziger Jahre ist jeder Kuss ein betonter Takt, sorgfältig hergeleitet durch einen Anstieg an Intensität und gefolgt von einer Szene des Übergangs oder einer ruhigeren Phase. In den Filmen der 2000er Jahre sind die Momente, in denen der Held eines seiner *Bond Girls* knutscht, dazu da, den Handlungsablauf zu verzögern, dem Zuschauer und dem Adrenalinspiegel eine kurze Verschnaufpause vor der nächsten Actionszene zu verschaffen. Durchtrainierte Körper mit ölglänzender Muskulatur, die sich aneinanderklammern, sich Beulen schlagen, sich beißen; Verfolgungsjagden, Karambolagen und zerfetztes Blech; schwindelerregende Sprünge, Explosionen und Kugelhagel: Vorrang hat der Kampf. Der Augenblick, in dem sich der Schauspieler und die Schauspielerin aneinandergeschmiegt in einem Schlafzimmer wiederfinden, ist der Moment des Durchatmens. Endlich ein wenig Zwielicht, langsamere Bewegungen, unvollständige Kadrierungen, verschwommenere Einstellungen. Der Sex lässt einen ausruhen. Doch man ist nicht sonderlich berührt von ihm, man glaubt kaum an ihn – denn man weiß, dass nur ein paar Sekunden später die ernsten Dinge, das heißt der *struggle for life*, wieder einsetzen müssen.

Anscheinend wird jede Kunst dazu veranlasst, einen Zyklus zu durchlaufen. Zunächst setzt sie sich als eine Illusionskraft, als bloßer Kunstgriff durch. Dann entblättert sie sich zunehmend, lässt von den Schleiern, mit denen sie das Reale ausstaffiert, einen nach dem anderen fallen. Paradoxerweise lassen die Künstler nicht davon ab, gegen die Künstlichkeit ihres eigenen Ausdrucksmittels zu kämpfen, um schließlich die Nacktheit der Dinge zu offenbaren. Deshalb findet man in allen Künsten die gleiche Evolution wieder, die von der Inauthentizität des Spiels zur Wiederentdeckung des Lebens verläuft – des Lebens, so, wie es ist. Die Kunstgeschichte besteht aus schmerzhaften Wegverläufen hin zur Klarheit, und die großen Künstler sind jene, denen es gelingt, ihrem Medium einen weiteren Schleier herunterzureißen, ein Blendwerk darin zu zerstören, um es der Realität, der Rohheit der menschlichen Verhaltensweisen näher zu bringen.

Wenn das das Schicksal der Kunst ist, dann liegt die Darstellung des Kusses gewissermaßen auf halbem Wege, sie bezeichnet einen Höhepunkt oder auch die erste Reife einer Ausdrucksform – wenn diese noch nicht zur Klarheit gelangt ist. In der Poesie ist dieser Höhepunkt etwa im 16. Jahrhundert, während der Renaissance, erreicht worden. Beim Roman wurde diese Schwelle im 18. Jahrhundert überschritten. In der Malerei hat die figürliche Darstellung am Ende des 19. Jahrhunderts ihren Weg durch die lyrische Evokation des Kusses genommen. Im Kino ist der Kuss während der großen Zeit Hollywoods von 1934 bis 1954 mit seinen Majorstudios und seinen unnahbaren Stars (wenn es denn je olympische Kreaturen gab, dann sie) glorifiziert worden. Doch ach, wenn erst einmal eine dieser Künste siegreich über ihre »orale Phase« hinweg ist, scheint jeder Weg zurück unmöglich.

Hier also eine Schlussfolgerung in Form einer nostalgischen Note: Es steht keine Kunst mehr zur Verfügung, um die Schönheit des Kusses zu rühmen, denn jede dieser Ausdrucksformen ist heute über diese sanften, vermittelnden Emotionen hinaus und befasst sich mit weitaus tiefgreifenderen und brutaleren Trieben. Wir küssen uns weiterhin, doch kein lebendiges Werk veranlasst uns dazu, keines verherrlicht das Küssen – der Identifikationsprozess ist defekt. Es kann sein, dass unsere Zivilisation niemals mehr ein Äquivalent zu Secundus' *Basia*, zu Klimts *Kuss*, zu Doisneaus *Amants de l'Hôtel de Ville* oder zur vehementen Umarmung aus *Vom Winde verweht* hervorbringen wird, ebenso wenig, wie wir uns wieder daran machen werden, Kathedralen zu bauen oder Obstschalen zu malen. Doch in dem Maß, in dem wir unempfänglich für die Schönheit des Kusses werden, verlieren wir eine wesentliche Hemmschwelle gegenüber der Gewalt: Schwinden die Liebkosungen der Münder aus unserem Sinn, dann sehen wir nicht mehr, was dagegen spräche, uns gegenseitig zu zerfleischen. Das Niveau an Klarheit, das wir erreicht haben, ist vielleicht nicht mehr kompatibel mit Zärtlichkeit (denn um Lust zu verspüren, seinen Nächsten zu liebkosen, muss man sich Illusionen über ihn machen), sondern nur noch mit der Pornographie. Und so ist der erste Gedanke, der in unseren Tagen einer Romanfigur, einem Filmhelden oder selbst dem erstbesten Typen, der auf der Straße entlangschlendert, beim Anblick eines hübschen Mädchens durch den Kopf geht, nicht: »Ich habe Lust, sie zu küssen«, sondern: »Ich würde sie gern flachlegen«.

XII. Küss mich, bis die Welt untergeht

Es gab Küsse in Sitzecken von Restaurants, die waren gestohlen wie Handtaschen; es gab Küsse, die wurden einer Unbekannten wie Beleidigungen ins Gesicht geschleudert; es gab jene langen, durchgerüttelten Knutschereien unter den grünlich-tristen Lichtern eines U-Bahn-Waggons; und jene im Halbdunkel einer Diskothek auf den Mund gedrückten Schmatzer, letzte Form der Kommunikation, wenn man sein eigenes Wort nicht mehr versteht; es gab Küsse von Lesben, lässig hingeworfen, um einen auf interessant zu machen; es gab Küsse von Intellektuellen, unterbrochen von ihren idiotischen Kommentaren; es gab auch jene Küsse, die man nicht gegeben hat, aus Schüchternheit oft, aber manchmal auch einfach aus Müdigkeit; es gab verweigerte Küsse, auf die hin mit Jesuitenmoral üble Absichten unterstellt wurden, und Küsse, denen durch ein beschämtes Kichern ausgewichen wurde; es gab jene Nymphchenküsse, die nirgendwo hinführen konnten, wollte man nicht wegen »Verführung Minderjähriger« belangt werden; es gab ein ganzes Kompendium nutzloser und eitler urbaner Gesten, um Antworten auf die endlose, unersättliche Suche nach Liebe zu finden ... Und dann kommt endlich jener lakedämonische Abend, an dem man ernsthaft und blind und nackt ist und meint, gefunden zu haben; an dem man ein *menschliches*, ein *lebendiges* Wesen vor sich hat, eine moralische Instanz, deren Besuch lohnt. Und all jene verpfuschten, nesselnden, berechnenden und feigen Küsschen werden null und nichtig, verschwinden wie eine Heerschar von Quallen.

Die Lippen sind wieder nackt wie am ersten Tag, heftig ist über die Tafel des Herzens hinweggewischt worden. Da spürt man, dass die Zeit des Umherirrens durch die trostlosen Straßen, in den überfüllten Bars, auf den Partys mit Pappmachélächeln und über die öffentlichen Plätze mit den vorhersehbaren Zufällen endlich vorüber ist. Dank einer Begegnung wird das Leben wieder so etwas wie Kohärenz annehmen, wird es sich wie eine schmerzgeplagte Wirbelsäule wieder aufrichten. Da weiß man, dass man sich diese Gelegenheit nicht entgehen lassen darf. Die Gelegenheit, sage ich? Das Ereignis!

»Hängt mir zum Hals raus, das Anbaggern … Baggern ist so demokratisch, das ist ein Sport weltweit, wie Fußball. Die Leute langweilen sich dermaßen, fühlen sich dermaßen allein. Ein Aufreißer, was ist das denn? Einfach ein Typ, der inmitten der Zombies den Kopf hebt, der ein bisschen mehr Energie hat als die anderen, der nicht seine ganze Libido in die Arbeit gesteckt hat und noch Lust hat aufs Ficken! Nein, ich versichere dir, es ist zu einfach, jemanden aufzureißen. Man kann waggonweise Bräute abschleppen. Das ist wie im Supermarkt, man findet immer neue, frische Produkte in den Regalreihen, reicht aus, sie schnell nach dem Öffnen aufzubrauchen – und Kohle zu haben, um weiterzumachen. Aber ehrlich, ich kann nicht mehr, ich suche nach etwas anderem. Ich habe genug von halben Sachen, von der Flucht nach vorn … Das ist blöd, das zu sagen, ich werde dir da ein fettes Klischeebild liefern, trotzdem möchte ich gern das ganze Programm erleben, weißt du: mein Leben mit einer Frau teilen, Kinder mit ihr haben, sich gegenseitig Versprechen geben, sich Vertrauen schenken, sich lieben …«

»Und warum sollte das mit uns nicht gehen?«

Da halte ich für einen Augenblick inne. Eigentlich hatte ich einen eher allgemeinen Wunsch geäußert. Mir gegenüber sitzt eine Frau mit braunem, lockigem Haar, gebürtige Ligurerin, deren Langsamkeit entweder etwas von Trägheit oder etwas von Sinnlichkeit hat.

Habe ich recht gehört? Jetzt weichen ihre Augen eher aus, in Richtung Fenster, weg von unserem Restauranttisch in der Rue des Rosiers, auf dem reichlich Falafel, eingelegtes Gemüse, Hummusteller und Olivenschälchen aufgetafelt sind. Mir war bewusst, dass ich ihr ein klein wenig gefiel, doch niemals wäre ich auf eine solch prompte Entgegnung gefasst gewesen, auf einen so enormen Antrag, von hier auf jetzt. Zugleich bin ich mir nicht sicher, ob ich richtig verstanden habe. Es war nicht *positiv* formuliert, es war eine Andeutung, eine indirekte Frage.

»Entschuldigung, kannst du wiederholen, was du gerade gesagt hast?«

»Warum sollten *wir* das nicht auch versuchen?«

Unausgesprochen schloss das ein: Projekte für die Zukunft, gemeinsames Leben, die ganze monumentale Logistik eines Paares …

Die Ligurerin hat ungelogen ein Gesicht wie die antiken griechischen oder römischen Statuen. Von einer Schönheit, die heute nicht mehr so angesagt ist: Ihre Wangen sind rundlich, ihre hohe, gewölbte Stirn hat etwas Kriegerisches und Arrogantes, auch ihr Kinn wirkt zu entschlossen. Nur ihre in der Mitte tief eingekerbten Lippen weisen eine Spur wirklich bemerkenswerter Weiblichkeit auf; sie hat einen Mund wie ein W, üppig und lächelnd, beinahe zu suggestiv in diesem geometrischen Gesicht. Ich hole tief Luft.

»Hör mal, ich habe keinen so großen Hunger mehr … Ich würde gern mit dir allein sein. Hier sind zu viele Leute. Gehen wir raus, ein wenig an die frische Luft?«

»Okay.«

Sie lächelt. Jetzt ist sie rot geworden.

Unsere Teller sind noch halbvoll, unsere Weinflasche erst zur Hälfte ausgetrunken, was soll's: Wir steuern auf die Kasse zu, ich verlange die Rechnung. Während des Zahlungsintermezzos wechseln wir kein Wort, aus Angst, den Zauber zu brechen. Die Glöckchen über der Tür klingeln leise, und wir finden uns auf der Straße wieder. Die Straßenlaternen sind schon an, die Nacht ist hereingebrochen. An der Fassade rankt Efeu, der zu dieser Stunde grau erscheint – sein Laub sieht aus wie steifgefroren. Die Straße ist noch voll von eiligen Fußgängern, von Autos, die diese gern überfahren würden, aber dennoch Schritttempo fahren.

Wir gehen einige Meter, Seite an Seite. Ich nehme ihre Hand, sie bleibt stehen. Sie trägt einen weiß-braun karierten Wollmantel, der vor vierzig oder fünfzig Jahren ihrer Großmutter gehörte – merkwürdiges Detail, ich weiß nur davon, weil sie es mir erzählt hat. Um ihren Hals einen weißen Schal. Da sie sehr blasse Haut hat, ist Weiß eine nur mittelglückliche Wahl: Sie sieht aus wie ein Schneemann, oder besser noch, als käme sie frisch aus einer Marmorwerkstatt. Außerdem ist ihr Parfüm wirklich ein Markenzeichen schlechten Geschmacks: Es ist übertrieben süß, der Duft eines dieser Vanillemilchreisdesserts aus den Supermarktregalen, könnte man meinen. Die Art von Parfüm, deren einziges Verdienst es ist, eine Frau in ein Nahrungsmittel zu verwandeln. Welche Muse sich damit auch besprengt, sie wird augenblicklich *mmhmm-lecker*.

Die Kinetik hat sich umgekehrt: Nun sind wir es, die reglos stehen, und die Stadt kreist um uns. Wir sehen uns an. Noch immer schweigend, denn wir wollen dem, was folgen wird, weitaus mehr als Worte aufdrücken.

Und es geht wieder los – schnall dich fest.

Wir küssen uns. Und dieser Kuss hat einen besonderen Geschmack, nicht nur auf gastronomischer Ebene: Er ist ein »Ja«. Ein Einwilligen in alles, in die Aussicht auf Zusammenleben, auf Schwangerschaft, Heirat vielleicht, auf all jene monströsen Dinge, mit denen die Heterosexualität beschwert ist. Es ist ein Berg von einem Kuss, den wir uns geben, und wir wissen das. Er schmeckt trotzdem nicht nach Steinen. Eher ein Aroma von Vanille, Milch, Falafel, der unglaubliche Duft von Frauenhaar: Dieser Kuss hat die Süße des Fleisches. Unsere Zungen spielen mit dem Feuer.

Danach kann nichts mehr enttäuschend sein. Wenn die erste Nacht missrät, wird die zweite köstlich sein. Oder umgekehrt. Von nun an haben wir einen unbegrenzten Kredit an Tagen und Abenden, vor uns liegt eine wirkliche *Lebenserwartung*. Vorbei der Gebrauchtwagenhandel, die überflüssigen Karambolagen, der Schiss vor der Schrottpresse: Alles wird sich ändern, ich werde eine neue Trunkenheit kennenlernen und neue Ketten ertragen müssen. Tatsächlich habe ich niemals derart *bewusst* einen Kuss gegeben.

»Aber warum behältst du die Augen *offen*?«

Diese Frage wird mir die Ligurerin in den kommenden Wochen und Monaten nach jedem unserer Küsse wieder und wieder stellen. Und wahrscheinlich fragen das alle Frauen ihre Liebhaber – ich weiß nicht, darüber gibt es keine Statistiken. Was mich betrifft, so höre ich diese Bemerkung seit der Zeit der Engtanznummern: »He, mach dich locker, schließ die Augen.«

Als ob man, um wirklich in ihren Mund zu gelangen, um ganz und gar dort und nirgendwo anders zu sein, die übrigen Sinne ausschalten müsse, als ob man das Rumoren der Welt ringsum nicht mehr hören dürfe und vor allem nicht mehr sehen.

Gewiss, die Küsse, die man mit geschlossenen Augen gibt, sind besser fühlbar, geschmackvoller. Sie sind weniger durchlässig für die Störungen von draußen. Das Wesentliche soll sich im Mund abspielen, und im Mund ist es nun einmal dunkel, man kann weder Kameras noch den Blick irgendeines Dritten dort hineinbitten; das ist eine Privatvorstellung. Wenn dem so ist, warum dann weiter die Augen aufsperren? Läuft man nicht Gefahr, das Spektakel zu verpassen?

Manchmal lachte Fräulein Neue Liebe einfach darüber, begnügte sich, bevor sie mich küsste, mit den Worten: »Pass schön auf, ja? Und sag Bescheid, wenn es gefährlich wird, wenn ein Mörder auftaucht oder so. Man weiß ja nie!«

Ich habe mich aufgrund der wiederholten Beschwerden der Frauen oft gefragt, ob das Offenlassen der Augen während des Küssens bedeutete, dass man sich als Verräter verhielt. Ob es eine Verweigerung von Komplizenschaft sei, eine Art, sich nicht ganz und gar hinzugeben. Ich bin mir dessen nicht so sicher. Es gibt schließlich nichts Schöneres als die geschlossenen Lider einer Frau, von der Sie geküsst werden. Das ist wunderbar, vergänglich wie ein Marienkäfer, der Ihnen über die Handfläche krabbelt. Aber wie soll man das anders zu Gesicht bekommen, als wenn man selbst auf der Lauer liegt?

Und dann kann man damit auch spielen. Ein Vergnügen des Küssens besteht darin, die Augen gleichwohl zu schließen, sie aber einige Augenblicke, sagen wir dreißig Sekunden oder eine Minute später wieder zu öffnen, um festzustellen, ob der andere sie selbst geöffnet hat oder nicht. Denken Sie etwa an das Kind, das am Weihnachtsmorgen früher als sonst wach wird, um sich zu vergewissern, ob unterm Tannenbaum Geschenke liegen. Das Geschenk sind die geschlossenen Augen des geliebten Wesens. Wenn sie offen sind, dann haben wir uns soeben selbst zum Geschenk gemacht, ohne uns darüber bewusst gewesen zu sein.

Heimlich überwachen sich die Geliebten, beäugen einander, um zu erfahren, wer von beiden beteiligter, wer hingerissener ist. Wenn diese bangen Blicke sich kreuzen, wenn sie vollkommen zeitgleich stattfinden, erzeugt das einen der schönsten Funken, der aus einem Kuss hervorschlagen kann. Es handelt sich um ein geheimes Einvernehmen in der Wachsamkeit, das ein Paar von Spionen miteinander versöhnt.

»Bilingualer *bacino*.«

Mit diesem »zweisprachigen Küsschen« (im Italienischen heißt *bacio* »Kuss«, *bacino* »kleiner Kuss«) habe ich eines Tages eine E-Mail an die Ligurerin, Fräulein Neue Liebe, unterschrieben, was großes Gelächter hervorgerufen hat. Es ist zwischen uns zu einer Art Witz, einer besonders geglückten Wendung geworden. Und tatsächlich sind ja alle Küsse bilingual, weil sie zwei Zungen

(Zunge = *lingua*) im engeren, zwei Universen im weiteren Sinn zusammenbringen. Wenn das Drücken, Vorschnellen und Streicheln der Zunge, der Ausdruck der Lippen, das Spiel der Hände, das Auf und Ab des Atems ebenso gut auch *Zeichen* sind, dann ist Küssen nichts Geringeres als ein *Sprachspiel*.

Da es in diesem Bereich kein grammatisches Standardwerk gibt, eignet sich die Sprache des Küssens gut für Erfindungen und Eigenmächtigkeiten. Jeder hat sich je nach seinen Begegnungen, seinen Momenten von Glück, von Taumel, sein Idiom zusammengestellt. Jeder Frau und jedem Mann ihr je eigenes Wörterbuch des Kusses, in das sie nach Belieben Neologismen, Grobheiten, Latinismen, Anglizismen oder wissenschaftliche Errungenschaften aufnehmen können, wenn sie irgendwo auf sie stoßen. Moment des Austauschs: Indem man küsst, besiegt man wahrlich den Monolinguismus seiner eigenen Empfindungen, konstruiert zu zweit eine neue, hybride Sprache, die nur einer und einer einzigen Liebesgeschichte angehört.

Im Übrigen ist nichts heilsamer, als aus seinem eigenen Monolinguismus gerissen zu werden, als dem Fluch, nur eine einzige Logik im Kopf, nur eine einzige Zunge im Mund zu haben, zu entkommen und sich dadurch der Vielstimmigkeit der Welt zu öffnen. So, wie das Gespräch es erlaubt, nicht im Kreisen der eigenen Gedanken gefangen zu bleiben, so lässt der Kuss Sie aus dem Solipsismus des eigenen Mundes heraustreten.

Ich küsse dich.
Je t'embrasse.
Ti bacio.

Das Französische weist hier eine Ambiguität auf, die bei den Nachbarländern keine Entsprechung hat. *Baiser* kann im Französischen traditionell ebenso »auf den Mund küssen« wie »Liebe machen« bedeuten. Bei der Lektüre von Texten aus dem 19. oder eher noch aus dem 18. Jahrhundert keimt im Geist des zeitgenössischen Lesers so etwas wie eine Unschlüssigkeit, eine Doppeldeutigkeit auf: Wenn die Liebenden zusammenkommen und *»se baisent«*, was tun sie dann eigentlich? Diese Polysemie ist etwas typisch Französisches: Die Engländer unterscheiden klar *to kiss* und *to fuck*, die Italiener *baciare* und *scopare*, die Spanier *besar* und *follar*, die Deutschen *küssen* und *ficken*. Die ironischste Wendung besteht darin, dass *baiser* mittlerweile in ein ausdrücklich vulgäres Register fällt. *»J'ai envie de te baiser«*, *»On a bien baisé«*: Nichts von Kuss ist da mehr zu hören, und die meisten Frauen finden es grässlich, solche Dinge gesagt zu bekommen.

Man käme zu keinem Ende, wollte man die bittersüßen Widrigkeiten, die banalen Gräuel aufzählen, die das Pärchenleben als Bürde mit sich schleppt: Vom Urintropfen auf dem Klosettdeckel bis zur Gasflamme, die drei Stunden lang umsonst brannte, *deinetwegen*; von der Schlaflosigkeit, die der andere einen erleiden lässt, indem er sich ruhelos auf der Matratze hin- und herwälzt, bis zum

Weckerklingeln, das man mithören muss, obwohl man hätte ausschlafen können; vom unaufhörlichen Telefonat, das das sonntägliche Frühstück unterbricht, bis zu den erstohlenen Momenten, um rasch einen Blick auf seine E-Mails zu werfen; von den Vorhaltungen, weil man vergessen hat, den Müll herunterzubringen, bis zu den eingelaufenen und entfärbten Pullovern in der Waschmaschine; vom Fenster, das man, um Zugluft zu vermeiden, nicht öffnen darf, bis zur Weigerung, diesen oder jenen Eurer Freunde einzuladen, weil sie als zu plump oder zu eingebildet gelten … Und nicht die geringste dieser grässlichen Banalitäten ist der *Guten-Morgen-Kuss*.

Natürlich spreche ich nicht von den strahlenden Morgen, wenn die Körper, noch im Schaum der Träume badend, zu einer zugleich energischen und schlaftrunkenen Umarmung aneinanderrücken, sondern von jenem mühseligen Erwachen, das von Anfang an unter einem schlechten Vorzeichen steht. Wenn eine trübselige Helligkeit durch die Vorhänge sickert, wenn man sich schon beim Aufstehen müde und zerschlagen fühlt, wenn man malochen muss. Ja, ich denke an jene Morgen, an denen man sich mechanisch küsst, bevor man mit wankenden Schritten aufs Bad zusteuert. Dann kann es gut sein, dass Sie einen äußerst üblen Atem haben, beschwert vom Destillat des Weins vom Vorabend, und dass der gestern noch so appetitliche Mund der Liebsten einen Hauch von Camembert und alter Wäsche verströmt. Sie werden ein ausdauerndes Wohlwollen benötigen, um nichts von Ihrer Lustlosigkeit, wenn nicht gar aufkommendem Ekel, erahnen zu lassen und diesen Kuss ebenso wie die anderen zu geben. Wenn es Beweise für die Liebe braucht – das ist einer.

Lassen wir unter den heiklen Phasen des Zusammenlebens auch nicht das Wirken der diversen gutartigen Viren, Grippen, Anginen, Husten und Schnupfen außer Acht, von deren Rhythmus der Winter geprägt ist. Eines der Turteltäubchen ist krank. Soll man sich weiter küssen? Keine klar etablierte Rechtsprechung in dieser Sache. Die Prophylaxe rät ab, doch die Liebe gebietet es. Allzu zaghaft wäre, wer den Mund des anderen unter dem Vorwand verschmähte, er habe eine verstopfte Nase oder einen Anflug von Fieber.

Mit einer Art naivem Aberglauben würde ich zu dem Gedanken neigen, dass man in solchen Fällen dann und nur dann nicht krank wird, wenn man wahrhaft verliebt ist. Das Gefühl ersetzt Immunität. So wie ein Arzt den ganzen Tag Patienten in seinem Sprechzimmer an sich vorbeidefilieren lassen kann, ohne sich etwas einzufangen, weil er in einer Erzählung steckt – »ich bin Arzt, das ist mein Beruf« –, einer Erzählung, die ihn rechtfertigt und darum schützt und stärkt, so ist der aufrichtige Partner durch seine eigene Liebesgeschichte gewappnet.

Während der ersten Monate einer Verbindung hat eine Grippe noch nie jemanden davon abgehalten, dem anderen um den Hals zu fallen. Die Empfindlichkeiten kommen erst später zum Vorschein; die Angst vor der

Ansteckung breitet sich in dem Maß aus, in dem das Herz abkühlt. Sich zu weigern, seine Frau zu küssen, weil sie sich alle fünf Minuten schnäuzt, hat eigentlich nichts Schändliches an sich, hygienisch lässt sich das vertreten (»Schatz, im Moment habe ich zu viel Arbeit, ich kann mir wirklich nicht erlauben, krank zu werden. Das verstehst du doch?«), dennoch behält es etwas Kleinliches, etwas von der Aufrechterhaltung eines schnöden Für-sich-Bleibens. Es ist ein Affront, was auch immer die Gesundheitsexperten dazu sagen.

Wie habe ich so lange über den Kuss glossieren können, ohne die leiseste Andeutung darauf zu machen? Oft kommt es vor, dass der Mund des anderen nicht seinen natürlichen Geschmack hat: Ob künstliches Aroma eines Kaugummi, Ambra des Nikotins, Reste von Schokolade, Nachklänge von einer Schaumerdbeere, einer Waffel mit Puderzucker, einer Zitronenlimonade – man entdeckt auf der Zunge der Liebsten eine Geschmacksnote, die einen zuerst überrascht, dann zum Lächeln bringt und einem schließlich ans Herz wächst. Es kann sogar vorkommen, dass pure Genusslust den Kuss motiviert. Sie hat gerade an einer Kugel Sorbet geleckt? An einem Gebäck geknabbert? Na dann, wühlen wir uns mal hinein, um es auszukosten, um eins zu sein mit ihr in diesem Moment und ihr ein wenig von ihrer Gaumenfreude zu stehlen.

Manchmal ist es mehr als nur ein einfaches Aroma: Man findet im Mund *etwas*. Einen Eiswürfel, hart wie ein großer, losgelöster und gefrorener Backenzahn. Kekskrümel. Einen Olivenkern, ein Aprikosenstückchen. Und schon stößt sie Ihnen zum Spaß das mehr oder weniger identifizierte Objekt mit der Zungenspitze in den Mund, und Sie stehen da mit einem zuckersüßen Bonbon, einem Kartoffelchip oder einer Kirsche auf der Zunge. Dieses Ding, das zwischen ihr und Ihnen hin- und herwandert, erlangt den Status einer *Gabe*. Die Gabe ist nur annehmbar, wenn man sich sehr gernhat, wenn der andere für uns etwas von einem Idol hat – andernfalls ist sie unangebracht, sogar widerlich. Das Hinüberwechseln der Gabe von einem Gaumen zum anderen ist wie ein Liebestest. Man akzeptiert nicht ohne weiteres den Kaugummi einer Unbekannten. Der Kuss verwandelt sich nur dann umstandslos in ein Appetithäppchen, wenn die Gefühle es zulassen – sonst ist es einfach eine Sauerei, wie immer, wenn man mit Essen spielt.

Mit der Ligurerin zeigte ich mich anfangs (allerdings hatte ich dieses Detail vergessen, sie war es, die mich daran erinnert hat) nicht so empfänglich für das Ritual der Gabe. Ich zog es vor, ihm aus dem Weg zu gehen. Jedes Mal, wenn wir uns trafen – in der Regel auf einem Bahnsteig der Gare de Lyon, wo sie mit einem Zug aus Mailand ankam – und sie vor mir stehen blieb, war mein erster Handgriff, ihr mit den Fingern in den Mund zu fahren, um den Kaugummi herauszuholen. Ich warf das zerkaute Gummifitzelchen auf das Gleisbett. War diese Formalität erledigt, konnten wir uns leidenschaftlich küssen. Für mich war damals das Objekt noch ein Hindernis, ein Eindringling, von dem der so lang erwartete Kontakt unserer Zungen verpfuscht worden wäre. Ich hatte die rituelle Funktion der Gabe noch nicht begriffen, genauso wenig wie die Transsubstantiation des geliebten Wesens, deren Träger sie ist.

Zweifellos ist es diesem instinktiven Abscheu geschuldet, dass ich so viele Jahre gebraucht habe, bis ich das *ultimative Stadium des Kusses* entdeckt habe. Im Arsenal der Sexualität existiert nämlich unter all den mehr oder weniger tabuisierten Stellungen und Kombinationen, die man nach und nach erkundet, eine Art von Kuss, auf die ich mich als Jugendlicher ganz bestimmt nicht eingelassen hätte. Viel länger als für die Neunundsechzig, für Sodomie, Fesselspiele, Kratzen; ja, viel länger als für heißes Wachs, Heimvideos und -photographien, Sex an öffentlichen Orten, nachts in Gärten, auf Toiletten oder in Treppenhäusern; was soll ich sagen, länger noch als für Cunnilingus während der Menstruation brauchte ich dafür, jene Geste zu wagen, die wie keine andere den erotischen Bund besiegelt: Wenn die Frau in Eroberungs- und Rachelaune auf Sie zukommt und es Ihnen mit einem langen Kuss heimzahlt, den Mund voll mit Ihrem Sperma.

Warum brauchte ich so lange, bis ich mich darauf einließ? Zuerst hatte ich es mehrmals abgelehnt unter dem Vorwand, angewidert zu sein von der Idee, sich selbst zu essen, meine eigenen Ausscheidungen zu recyceln. Zudem ist die Ermattung im Anschluss an die Ejakulation irgendwelchen Grenzüberschreitungen wenig förderlich. Man hat nicht unbedingt Lust, noch einen draufzusetzen; man hat schon mehr als genug gehabt.

Manche werden vielleicht einwenden, dass der *Samenkuss* – die Engländer haben einen recht hübschen Namen für ihn, *rainbow kiss*, Regenbogenkuss (obwohl dieser Ausdruck streng genommen eine noch ausgefallenere Variante bezeichnet, bei der die Milch des Mannes und das Blut der Frau, Weiß und Rot, miteinander vermengt werden sollen) –, manche werden also argumentieren, dass eine solche Praktik lediglich eine Extravaganz für blasierte Liebhaber sei und einem *circulus vitiosus* ähnele. Ich möchte ihnen widersprechen: Bei diesem Kuss gibt es eine außerordentlich schöne Form von gegenseitigem Geben. Besser noch: Das Objekt der Gabe ist nichts anderes als das Vergnügen selbst, durch diesen Vermittler wird der Geist der Lust vom einem zum anderen übertragen.

Tut mir leid, mit dieser Anmerkung zu schließen, die einige ohne jeden Zweifel zumindest als arg schlüpfrig beurteilen werden. Doch das war notwendig: In meinen Augen ist der Kuss sowohl das Gründungs- als auch das Schlussstadium der Liebe. Er krönt ihren Anfang und ihr Ende. Er ist ebenso Frömmelei wie Sakrileg. Ebenso weise wie verrückt. Ebenso organisch wie ideal. Ebenso menschlich wie animalisch. Ich habe meine Gefühlslaufbahn mit einem Kuss begonnen, und ich hoffe, auch mit einem Kuss abzutreten. Keinerlei Morbidität in diesem Wunsch: Der Kuss ist ganz einfach das A und O der amourösen Erfahrung.

Schluss

Küssen ist keine so leichte Handlung, wie es auf den ersten Blick erscheint. Selbst wenn man nichts von seiner Geschichte weiß, spürt man durchaus, dass der Kuss einen geheimen Sinn birgt, dass er eine metaphysische Tragweite hat.

Wie man sehen konnte, hat die Aura dieser Geste ihre Quelle fernab in der Religion. Von seiner Ausrufung als offizieller christlicher Gruß durch Paulus von Tarsus bis zu seinem Verbot durch Innozenz III. war das *basium* wie eine Batterie, die sich ein Jahrtausend lang am Strom des Glaubens aufgeladen hat. Es hat aus diesem sein Prestige und seinen heiligen Charakter bezogen – es zählte zu den Ritualen, die eine Vereinigung der Erde mit dem Himmel erlaubten. Es hat eine außergewöhnliche Energie angehäuft. Nachdem die Kleriker auf die Entscheidung des Papstes hin, das *basium* unter Christen zu verbieten, die Sache fallengelassen haben, hat es doch in keiner Weise seinen Wert eingebüßt und ist als Praktik nicht in Vergessenheit geraten, weil die Dichter und Künstler deren Nachfolge angetreten haben. Von der Renaissance bis zum goldenen Zeitalter Hollywoods hat der Kuss gleichsam den Eckpfeiler jeglicher weltlicher Zelebration von Liebe repräsentiert. Bis in jüngste Zeit ist seine Macht unablässig durch das Zirkulieren der Worte und der Bilder gepriesen worden. Nie hat sich der Kuss dem erotischen Flitterkram beigesellt, nie ist er zum Sammelsurium der ordinären Zärtlichkeiten abgeschoben worden.

Sehr gut, doch wo stehen wir heute? Könnte sich die Theorie des Kusses erneuern, und auf welchen Grundlagen? Meiner Überzeugung nach ist es möglich, die Fundamente eines künftigen neuen Zeitalters für diese Theorie freizulegen. Tatsächlich ist der metaphysische Einsatz unseres beginnenden 21. Jahrhunderts *Wahrung und Bewahrung*. Seither spüren wir schmerzlich die Fragilität der Dinge, des von uns bewohnten Planeten, unserer Ökumene, doch ebenso unserer Ökonomie, oder auch unserer menschlichen Existenz, der sowohl auf soziopolitischer als auch auf spiritueller oder genetischer Ebene eine beschleunigte Evolution verhießen ist. Unter diesen Bedingungen liegt das Problem nicht darin, uns vor dem Wandel zu bewahren, ob er nun das Antlitz der wissenschaftlichen und technologischen Innovation oder der chaotischen Zyklen der globalisierten Wirtschaft trage, sondern darin, innerhalb dieses Wandels selbst die Möglichkeitsbedingungen für eine lebenswerte Existenz zu wahren. Nachdem wir während des letzten Jahrzehnts des 20. Jahrhunderts den Ruhm der Postmoderne gesungen und die Trompeten des Endes der GESCHICHTE an die Lippen gesetzt hatten, laufen wir nun freilich Gefahr, mit Entsetzen festzustellen, dass auf diese Phase behaglichen Auf-der-Stelle-Tretens der westlichen Moderne finstere Zeiten folgen mochten, sogar ein brutales Wiederaufleben des Archaischen. Mit der Entdeckung der Begrenztheit der Welt und ihrer Fragilität wird wahrscheinlich ein gnadenloser Krieg um Überleben, Territorium, Reichtum und verfügbare Ressourcen entbrennen. Gemäß dem düstersten Szenario könnte die Menschheit vom weichen Sofa der Postmoderne direkt in die Prähistorie verwiesen werden, in der sich ein jeder gezwungen sähe, sein Leben gegen die entfesselten Elemente und die feindlichen Stämme zu verteidigen.

Nun, ich zeichne hier recht naiv die großen Linien eines weltweiten Prozesses gerade so, als ob sich dieser Kampf außerhalb von uns, auf dem globalen Terrain der Politik und der Geschichte abspielen würde. Doch dem ist nicht so. Gemacht ist die Geschichte aus dem Stoff unserer Leben selbst. *Der Kampf findet in jedem von uns statt.* Wohl selten war der Lack der Zivilisation so dünn, und in uns allen findet ein innerer Kampf statt zwischen unseren archaischsten Trieben – den Gegner zu zerfleischen, zu zermalmen, zu besitzen – und unserer Fähigkeit zu uneigennützigem Handeln, Mitgefühl und Sublimierung. Wir müssen uns gegen die Gewalt wappnen, die tief in uns wie in einem Kessel brodelt und vom allgemeinen Stress und der Erschöpfung unserer Zivilisation angefacht wird.

Haben Sie es nicht bemerkt? Spüren Sie nicht, wie ein eisiger Wind über die menschlichen Beziehungen weht? Dass der Zeitgeist eher zum Zusammenstoß als zur Zärtlichkeit ermutigt? Auf den Straßen während der

Staus zu den Stoßzeiten, doch auch auf den Flaniermeilen an Sonntagnachmittagen, in den Warteschlangen der Supermärkte, in den Großraumbüros ist alles getränkt und durchzogen von Gewalt, die nur auf einen Auslöser wartet, um hervorzubrechen. Und es reicht wahrlich ein Nichts – dass ein Verkehrsrowdy uns die Vorfahrt schneidet, eine Hausfrau mit gebleichtem Haar sich auf dem Weg zur Kasse mit abwesendem Blick watschelnd vor uns schiebt, ein Kollege mitten in einer Besprechung eine spöttische Andeutung in unsere Richtung fallenlässt, und schon ist die Beschimpfung da, ganz leicht ginge sie uns von den Lippen, unsere Fäuste ballen sich in den Taschen, und unsere Zähne mahlen verborgen in unseren Mündern kampfeslustig gegeneinander. Nichts würde unsere zurückgehaltene Wut lieber tun, als endlich auszubrechen.

Unter dem Blickwinkel der *Wahrung und Bewahrung* betrachtet, hat der Kuss nun nichts Affektiertes mehr; er lässt sich im Gegenteil neuerlich als Dringlichkeit begreifen. Indem wir den Geschmack am Kuss kultivieren – der uns Menschen des 21. Jahrhunderts gleichwohl zu romantisch, zu rührselig, nicht lustbetont genug, leicht verstaubt erscheint –, indem wir, entgegen unserer eigenen pornographischen *Hybris*, diese Zärtlichkeitsbezeigung weiterhin zu schätzen wissen, tragen wir Sorge für den besten Teil von uns selbst.

Erinnern Sie sich an die Märchen, die man Ihnen einst an Ihrem Kinderbett erzählte? Der Trick ist überall bekannt. Ein Frosch klagt bei einer Prinzessin einen Kuss ein. Die Prinzessin weigert sich, versucht sich zu entziehen, doch angesichts der Beharrlichkeit der gescheiten Amphibie beugt sie sich schließlich herab und gibt, hin- und hergerissen zwischen Großzügigkeit und Ekel, das verlangte Küsschen – und schwupp verwandelt sich das Tier in einen Prinzen. Eine mögliche Interpretation dieser Szene ist, dass der Kuss die Kluft zwischen den sozialen Klassen schließt und die Hierarchien zwischen den Wesen einebnet. So abstoßend und fremdartig mir der Andere auf den ersten Blick auch erscheinen mag, brauche ich nur meine Lippen mit den seinen zu vereinen, um ihm einen Status von Gleichheit zu verleihen. Der Kuss ist die Geste, mit der ich dich als ein anderes Ich erkenne. Er hebt die Distanz auf. »Du bist ein *Selbst*«, sagt der, der in einen Kuss einwilligt. Und diese Akte, die imstande sind, mich zu überraschen, indem sie mir die Menschlichkeit enthüllen, die ich im Anderen nicht mehr sehen wollte, sind selten.

Wenn wir uns dieser Macht bewusst sind, verstehen wir, dass das Liebesleben nicht nur ein privates Drama ist, sondern dass es an das Schicksal der Welt angeschlossen ist: Unsere Gefühle sind das Echo der uns umhüllenden unwillkürlichen Metaphysik. Von nun an ist die Menschheit für sich selbst verantwortlich, niemand sonst; die Götter haben den Himmel verlassen, und es gibt keine gemeinsamen Glaubenssätze oder Ideologien mehr, um den Weg in die Zukunft zu weisen. In dieser Situation kosmischen Taumels und sich virusartig verbreitender Panik, in einer solchen Konfrontation von Angesicht zu Angesicht mit dem Phantasma der Apokalypse ist es nicht absurd und, besser noch, nicht einmal unangenehm, so oft wir können ein paar Augenblicke des Glücks von den Lippen einer geliebten Person aufzulesen.

Post-Scriptum. Was ist nochmal ein *Happy End*? Sie wissen es natürlich … Es ist jener lang erwartete Moment, in dem die Helden, nachdem sie allerlei Prüfungen und Leid überstanden haben, einander küssen, während auf der Leinwand ein Wort erscheint:

ENDE

Zitierte Literatur

Die Zitate aus den mit * gekennzeichneten Werken werden hier in (mitunter nur minimal, mitunter auch deutlicher) abweichenden Versionen wiedergegeben, um die Bezüge zu Lacroix' Text zu wahren

Søren Kierkegaard: *Tagebuch des Verführers*, aus dem Dänischen von Gisela Perlet, Stuttgart (Reclam) 1994.

Lafcadio Hearn: »Vom Ewig-Weiblichen«, in: *Kyushu, Träume und Studien aus dem neuen Japan*, aus dem Englischen von Berta Franzos, Frankfurt am Main (Rütten & Loening) 1908.

Johannes Secundus: *Küsse*, aus dem Latein von Franz Passow, Leipzig (Fleischer) 1807.

Pierre de Ronsard: *Amoren für Cassandre*, aus dem Französischen von Georg Holzer, Berlin (Elfenbein Verlag) 2006.

Marsilio Ficino: *Über die Liebe, oder Platons Gastmahl*, aus dem Latein von Karl Paul Hasse, Leipzig (Meiner) 1914.

Jean-Jacques Rousseau: *Julie oder Die neue Héloïse*, aus dem Französischen nach der Übersetzung v. Johann Gottfried Gellius vollst. überarbeitet v. Dietrich Leube, München (Winkler) 1978.

D.A.F. de Sade: *Justine und Juliette*, aus dem Französischen von Stefan Zweifel & Michael Pfister, Berlin (Matthes & Seitz) 1994.

Anthony Giddens: *Wandel der Intimität*, aus dem Englischen von Hanna Pelzer, Frankfurt am Main (Fischer TB) 1993.

Sigmund Freud: *Drei Abhandlungen zur Sexualtheorie*, in: *Gesammelte Werke*, Bd. 5 [1942], Frankfurt am Main (S. Fischer) [7]1991.

Sándor Ferenczi: *Versuch einer Genitaltheorie*, Leipzig u.a. (Int. Psychoanalytischer Verlag) 1924.

Adam Phillips: »Geplante Küsse«, in: *Vom Küssen, Kitzeln und Gelangweiltsein*, aus dem Englischen von Klaus Laermann, Göttingen (Steidl) 1997.

Stendhal: *Rot und Schwarz. Chronik aus dem 19. Jahrhundert*, aus dem Französischen von Elisabeth Edl, München u.a. (Hanser) 2004.
Gustave Flaubert: *Lehrjahre des Herzens*, aus dem Französischen von Walter Widmer, München (Winkler) 1957.
Marguerite Duras: *Der Liebhaber*, aus dem Französischen von Ilma Rakusa, Frankfurt am Main (Suhrkamp) 1985.
Vladimir Nabokov: *Lolita* (=*Gesammelte Werke*, Bd. VIII), aus dem Englischen von Helen Hessel u.a., bearbeitet von Dieter E. Zimmer, Reinbek (Rowohlt) 1989.
Marcel Proust: *Eine Liebe Swanns*, in: *Unterwegs zu Swann* (=*Auf der Suche nach der verlorenen Zeit*, Bd. I), aus dem Französischen von Eva Rechel-Mertens, revidiert von Luzius Keller, Frankfurt am Main (Suhrkamp) 1994.
Émile Zola: *Die Sünde des Abbé Mouret* (=*Die Rougon Macquart*, Bd. 5), aus dem Französischen von Elisabeth Eichholtz, München (Winkler) 1975.
Henry Miller: *Wendekreis des Krebses*, aus dem Französischen von Kurt Wagenseil, durchgesehen von Renate Gerhardt, Berlin u.a. (Dt. Buchgemeinschaft) 1987.
André Breton: *Nadja*, aus dem Französischen von Max Hölzer, Pfullingen (Günther Neske) 1960.
Lew Tolstoi: *Anna Karenina*, aus dem Russischen von Hermann Röhl, Berlin (Aufbau) 1957, Bd. 1.
Raymond Queneau: *Die blauen Blumen*, aus dem Französischen von Eugen Helmlé, Karlsruhe (Stahlberg) 1966.
Iwan Turgenjew: *Erste Liebe*, aus dem Russischen von Herbert Wotte, Berlin u.a. (Aufbau) 1983.
Albert Cohen: *Die Schöne des Herrn*, aus dem Französischen von Helmut Kossodo, Stuttgart (Klett-Cotta) 1983.
Albert Cohen: *Solal*, aus dem Französischen von Franz Hessel & Hans Kauders, Berlin (Drei Masken) 1932.

Erste Auflage Berlin 2013

Göhrener Str. 7, 10437 Berlin
info@matthes-seitz-berlin.de

Titel der Originalausgabe: *Contribution à la théorie du baiser*

Umschlaggestaltung: Falk Nordmann, Berlin
Druck und Bindung: Friedrich Pustet, Regensburg

ISBN 978-3-88221-033-0

www.matthes-seitz-berlin.de